読みなおす日本史

空海と密教

「情報」と「癒し」の扉をひらく

頼富本宏

吉川弘文館

はじめに

過去の人物は、たとえ偉人・聖人であっても、すでに歴史の彼方にある。その伝記や著作を文献学的に緻密《ちみつ》に分析して、実際に行動した実像と、後世に種々の方面から拡大解釈された虚像を厳密に区別し、前者のみを客観的データとして提出することは、確かに歴史学的には基本作業といえる。

しかし、そこにとどまるだけではなく、一部伝説的存在であっても、同時代、もしくはのちの時代の者が、彼（もしくは彼女）に託したイメージの意味を立体的に検討することも必要ではなかろうか。

本書は、巷間に「お大師さん」として定着している弘法大師《こうぼうだいし》・空海《くうかい》を、歴史上の基礎資料（文献資料と美術資料）を用いながら、しかも現代に生きる者が、ある視点から取り上げようとするものである。その視点とは、簡潔にいえば、「情報」と「癒《いや》し」である。いずれもすでに市民権を得た言葉であり、いまではさらなる細分化と再吟味が進行中であるが、私は人間空海の思想と行動における二極、もしくは二様の在り方との関連で、この「情報」と「癒し」の二軸に注目したい。

ありきたりにいえば、温故知新（故《ふる》きを温《たず》ねて新しきを知る）、古い革袋に新しい酒を盛るという表現に近いが、空海という人間は、時代（時間）と地域（空間）を越えて私たちに発信する内容と意義を多分に備えていることを確信している。

とはいえ、八世紀後半から九世紀前半に生きた空海が密教を知り、しかもそれを日本文化の中に位置づけたことは決して偶然ではない。それは、インドから中国、そして日本におよぶ一種の文化伝播であり、最終ゴールとして日本があったのであるが、その道（コース）をたどったのは、やはり空海の目のつけどころと情報感覚によるものである。

物理学的にいえば、ベクトルといわれる方向性と力を強力に備えた密教は、個人の宗教体験のみならず、都市、地方、国家などの広領域の歴史空間や組織に大きなインパクトを与えた。そして、その多様な方向性と適応性のゆえに、日本文化の中に深く溶け込んでいき、いわば地下水脈の役割をいまに伝えているのである。

目　次

序章　情報と癒し――動脈と静脈

「国際」「情報」「人間」「福祉」を先取りした空海

二十世紀の後四半世紀の頃から、わが国では「国際化」「情報化」「高齢化」という言葉が日々発言されるようになった。これらの三要素は、多少の温度差はあれ、世界の多くの国に該当する現象であり、日本では当時まだ実感を欠いていた「少子化」を遠くに予見しながら、大学・短期大学の高等教育機関では、「国際」「情報」と「人間」「福祉」という四種の名称を用いた学部・学科の新増設や改組が、雨後のたけのこのように続々と行なわれた。不確実・不透明を特色とする現代では、漠然とした閉塞感が充満し、中・長期的にはもちろん、短期的にも未来が予測しにくいこともあって、まだこの流れは継続している。

前記の「国際」「情報」「人間」「福祉」という現代社会の代表的なキーワードのうち、「国際」と「情報」は、平安のモダニストとも呼ばれる（竹内信夫『空海入門』、ちくま新書）空海《くうかい》の積極的一面を象徴する言葉として、本書でも中心概念となっている。現代社会を人間の身体機能のうちの心臓の循環運動にたとえると、これは「動脈」の思想と呼ぶべきであろう。

それに対して、後半部の「人間」と「福祉」は、その静的、あるいは還元的なイメージから「静脈」の思想といえると思う。この両要素を人間空海が生きた八世紀から九世紀の平安前期に直接求めることは、現代との社会体制と文化内容のギャップから容易なことではない。

しかし、私は空海の生来持っていた自然回帰、聖性探求の志向性の中に、自己に対しては「しずめ」「なごみ」への静かなまなざし、他に対しては、自分と同じ境地への共存化を願った「癒《いや》し」の一面を見ることができる。

まず、動脈的側面の「国際」と「情報」は、才気あふれる空海にとっては、最も得意とする分野であった。第一の「国際」とは、端的にいえば、「外国」「異文化」に代表されるが、大国アメリカの主導になるいわゆる近年のグローバリゼーションをはるかに凌駕する規模と内容で、七世紀から九世紀のアジアは、国際化の時代であった。

その根底には、近現代の大国アメリカを彷彿とさせる大帝国・唐の存在を無視できない。現在のアメリカの場合は、現政権の弱体化もあって、政治的、経済的権利主張と介入はほとんど姿を消した。他方、唐帝国の場合は、朝貢・入貢を賀とする中華思想はあったが、実際に国際交流したのは、政治・経済のシステム輸入を除くと、宗教、美術、学術などの文化的側面が圧倒的に顕著であった。その代表的国際人・文化人が空海その人だったのである。

国際とは、二つ以上の国の交わり合う際《きわ》を意味する。英語では、インターナショナル（international）

というが、周知のように「インター」(inter)は「相互に」という意味で、くしくも国際の「際」と同義である。近年では、少しニュアンスが違うが、「共働」を示す「コ」〈co〉を冠した語「コーポレーション」(cooperation)などを使うこともある。

何だか子供に教えるような論理を続けているが、「国際」が二つ以上の国(文化)の関係であることから、自国とは異なった国について、まず「知る」ことが不可欠となる。

仏教をはじめとする宗教では、何かを知る知にも、大別して二種の区別を立てることがある。仏教の中でもとりわけ人間の心の考察に力を注いだ唯識派《ゆいしきは》(日本では法相宗《ほっそうしゅう》)では、世俗の人間レベルの知を識と呼び、その識がほとけ(仏)の内実に至ったとき、換言すれば「さとった」場合は、識から智に転質するという。現在では、現実世界の人間的な知恵を「知」と表記し、「ほとけ」や「さとり」など聖なるものと直結する知恵を「智」と書き表わして区別する方法も提案されている。

二種の知に秀でていた空海

いま、「現代に生きる空海」および「空海と密教」というコンセプトにおいて、「情報」と関連するのは主に前者の範疇の現実世界の人間的な知であるが、ここで知の種々相について、簡潔に私見を述べておこう。

人間の知的活動には、大別して二種の範疇があるようだ。第一はいわゆる情報知で、世の中の事実に関する「質の高い」「多量」の情報をできるだけ「早く」把握しようとする。もちろん、それをどう生かし、自分のものにするかは、知覚し、判断し、実行する各人の能力と適性にかかっているのであるが。空海の場合の情報知の入力（インプット）、参照（アクセス）、選別、システム管理（ネットワーク）などの卓越した才能を具体化する方法、さらには情報操作にあたるような高度の技術については、その生涯の各活動に関連して明らかにしていきたい。

なお、先に触れたように、知には異なる方向性をとるものがある。梅原猛氏風にいえば「独創知」「創造知」ということになろう。前記の情報知が事実に関する質的、量的データを基本とするのに対し、むしろ事実から新たに展開する可能性を生み出す知である。それは、単に知識をインプットするにとどまらず、受ける側の心を強く打ち、新たな考え、人格を再生産する生命力あふれた知である。宗教や文学などがこちらを重視することは論をまたない。

やや無機質で客観的な情報知に対して、創造知は非常に個人的要素が強い。情報を与える側とそれを受ける側の魂の触れ合いが必要だ。空海の場合は、のちに紹介する数多くの著作からも明らかなように、情報知の収集等に天才性を発揮したのみならず、それを自らのものとして咀嚼《そしゃく》し、新たな意義を創造することに巧みであった。つまり、量的情報を質的にヴァージョンアップしたり、新しいシステム・体系を作り上げる天稟《てんぴん》を有していたことは特筆すべきである。

癒しの概念の多様性

他方の癒しに関しては、現代社会においても評価は二方向に大別される。その直接原因は、「癒し」

という言葉が、医学用語の「治癒」と直結して、「なおす」という意味とイメージを持っているからだ。「なおす」となると、最初から「正常でない」「病気だ」などのマイナス要素を内包しているので、常に前を向き、対象を分析し、批判し、乗り越えていこうとする俗に言うA型タイプの人にとっては、「敗者」「負け犬」にイメージが重なってしまう。懇意な宗教学者の先生には、「癒しは賤しい」と広言する人もいる。

確かに、疲れた身体を生理的に癒す温泉やサウナとは別に、傷つき、苦悩する心を癒すためには、すでに定着したカウンセリングや宗教による「心のケア（看護）」や「心のキュア（治療）」が必要であり、具体的にはさまざまな方法が試みられている。私も実際体験した阪神・淡路大震災では、行政は、復旧・復興にこれを利用したが、平成二十三年（二〇一一）の東日本大震災では新しい方策が求められている。

癒しの概念と定義にも多様性があるが、たとえば「個人の痛みや社会的な危機を調整し緩和する行為」（鈴木七美『癒しの歴史人類学』、世界思想社）は、比較的幅の広い考え方である。そこでも、「苦痛」「危機」などのマイナス要素はむしろ不可欠な存在である。

こうしたベクトル的に負の要素を、何らかの方法によって構造的にプラスの方向に持っていくのか、あるいは事実として受け入れ、納得するのか、さらには仏教経典が得意とする「とらわれやこだわりをなくす」のか、選択肢は数多くあるが、人間であれ、国家であれ、常に上昇し、まったく後ろ、下、横を見ないものは逆に異常であるし、自然の摂理に反している。

空海が、古代後期に生きた一人の僧侶として、私たちに残したメッセージの中に、私は苦を苦ではないと教えるやや消極的な癒しと、むしろ大自然や大生命の中に小さな自己存在などを溶け込ませていった積極的でスケールの大きな癒しを感じ取ることができた。

後章で、彼の具体的な行動と思想を復元してみよう。

空海と密教

すでに、本書のメインテーマである空海の思想と行動の構造の異なる二軸、すなわち「情報」と「癒し」という二つの視点と、それぞれの問題点と見通しについて概要を紹介したが、実は空海の思想と行動は、そのまま密教の思想と実践に不可分に結びついている。換言すれば、思想と行動によって表現される歴史上の空海そのものが、結果的には密教にほかならないのである。

それでは、次に「密教とは何か」という点が問われねばならないが、昔から宗教とはいかなるものか、明快に定義したり、簡潔に断定した人はほとんどなく、むしろ最近では「わからないのが密教」と開き直る人があるように、一言で密教を定義することは容易ではない。

そこで、近年では主に宗教学の立場から、以下の二つの特徴を兼ね備えた宗教形態を「密教」と仮に呼ぶ傾向が顕著になってきている。

第一に、われわれの現存在にあたる俗なるものが、何らかの状況下において、実在を象徴する聖なるものと一致しうるとする神秘主義の色彩の強いことである。空海は、インドの密教以来の現世《げんぜ》成《じょう》仏《ぶつ》主義をさらに補強し、即身成仏《そくしんじょうぶつ》（この身のまま仏となる）という思想と実践を体系化した。ほとけと直接に触れ合うことが癒しかどうかは議論の余地があるが、少なくともだれにでもほとけとの通路が開かれていることが保証されれば、救いの普遍性が行き渡ることになり、いわば安心立命《あんじんりつめい》の世界が現われてくるのである。

密教の特徴の第二点は、何らかの力、エネルギーを用いて対象に向かって働きかけを行なうことで、宗教学では「呪術」（magic）と呼んでいるものである。「呪」という文字を見ると、どうしても「のろう」というマイナス面が浮かんでくるが、それはあくまで広義の呪術の一側面であり、より多様な威力の儀礼が密教の護摩《ごま》であることは、一般にもよく知られている。

この呪術は、力・エネルギーの流れによって、対象にある効果を与え、種々の目的を実現しようとするが、こういう構造は、本書のサブテーマである「情報」と類似する点が少なくない。

もっとも、情報にも、異次元的な聖なるものを求める宗教叡智（聖俗知）と、人間同士から成る社会の知（世俗知）があるが、空海の場合は、いずれの知にも強い関心を示し、かつその効果を十分に認識していたのは、いかにも密教的であるといえよう。

なお、密教の聖なる世界を多様なほとけの配置・配列によって表現しようとするマンダラ、および聖なるものの再生産あるいは継承を師弟のつながりの儀礼を通して体現させる灌頂《かんじょう》については、本書の中で詳しく触れたい。

第一章　誕生とその環境——恵まれた風土と家族

僧の条件と大師号

本書で取り上げる空海《くうかい》は、その生涯、およびその没後において、いくつかの名前（僧名等を含む）を自ら用いるとともに、またほかからも呼ばれている。僧侶の場合、出家という言葉があるように、必ず通常の世間の生活から、親を捨て、家族を捨てて家を出て、専用の寺院へ入らなければならないので、ちょうど釈尊のように、世間の生活で用いていた名前を捨て去ることになる。釈尊の場合は、出家前はシッダールタと呼ばれていたと仏伝文学などでは伝えている。

そして剃髪《ていはつ》（髪をそること）をし、それまでの生活衣（俗衣）を脱ぎ捨てて、むさぼり（欲望）を起こさないことを象徴する三衣《さんね》と呼ばれる三種の僧衣のみを以後用いることとなる。日本の仏教では、出家として新しく生まれ変わる儀式を得度《とくど》と称している。「得度」とは「度を得る」と読むが、この「度」はサンズイのついた「渡」と同義で、「（さとりへ）渡ることができる」という意味を示す。その際に「受戒」といって、出家者の守るべき戒律を授けられるのが通例である。

空海の当時は、中国で歴史上最強の帝国といわれた唐朝の国家仏教とその制度が奈良朝の仏教政策に導入されていたため、さらに度牒《どちょう》という国家発行の僧籍証明書が公布されており、得度・受戒をすませた新しい僧は、ここで正式の僧名が公認されることとなる。詳しくはのちに触れるが、「空海」という名前は国から承認された正式の僧名である。

さて、通常の大部分の僧は、この僧名のまま生涯を終え、涅槃《ねはん》の楽土に赴《おもむ》く（死亡する）のであるが、その中でも特定の宗派を開いたり、有力な寺院を建立したりした功績の大きかった高僧や聖僧に対しては、没後しばらくたった頃、弟子や孫弟子などによって「大師号《だいしごう》」が申請されることがある。

このような大師号は、インドやチベットにはなく、むしろ政治権力（王権）が仏教などの宗教よりも上位にあった中国仏教での産物であるが、日本でも天皇等から下賜《かし》された大師号は、貞観《じょうがん》八年（八六六）の伝教《でんぎょう》（最澄《さいちょう》）・慈覚《じかく》（円仁《えんにん》）の両大師から、大正十一年（一九二二）の立正《りっしょう》大師（日蓮《にちれん》）まで二十七人に及んでいる。

その中でも、空海の弘法《こうぼう》大師号は最も知名度が高く、世に「大師は弘法にとられる」ということわざのあるごとく、単に「大師」というときには、空海を指すことが少なくない。

これに加えて、空海の場合は、密教という仏教の中でも特別な内容を誇る宗教の阿闍梨《あじゃり》の資格を、中国の長安（現・西安市）の青龍寺《せいりゅうじ》で恵果和尚《けいかわじょう》（七四六～八〇五）からの灌頂《かんじょう》を通して得ていたために、「遍照金剛《へんじょうこんごう》」という密教名、正確には灌頂名を名乗った時代もある。

空海の四つの名

詳しい事情は各章で十分に説明したいが、年代順に並べると、空海は少なくとも四つの名前を持っており、名前と活動の内容は密接に関連していたのである。

それをここに略示しておくと、次のようになる。

(1) 真魚《まお》　誕生から二十四歳頃まで
(2) 空海《くうかい》　二十四歳頃から三十二歳まで（実際は現代まで）
(3) 遍照金剛《へんじょうこんごう》　三十二歳から六十二歳まで
(4) 弘法大師《こうぼうだいし》　入定《にゅうじょう》の八十六年後から現代まで

以下詳しく論じていくように、これら四つの名前は一応年代順に並んでいるが、各名前の意味する内容は大きく異なっている。それゆえ、俗名の真魚は僧名の空海が登場したあとは使用されず、明確に非連続・断絶があるが、仏教僧名の空海は、中国で密教の灌頂を受け、遍照金剛という金剛名《こんごうめい》（灌頂名）を得たのちも仏教者として自称している。空海と遍照金剛は、従来の仏教と新来の密教をそれぞれ示しており、併存は可能である。

それに対し、弘法大師という大師号は、空海の入定後八十六年の延喜二十一年（九二一）に時の醍《だい》醐《ご》天皇から与えられたもので、歴史上の空海本人はまったくあずかり知らないところである。

それにもかかわらず、広い視野から空海を語り、しかも彼と生きようとするときには、弘法大師という普遍化し、巨大化した大空海のイメージを無視できない。あたかも、人間釈迦《しゃか》が、三十五歳で覚者ブッダとなり、のちについには釈迦仏・釈迦如来《にょらい》となったように、人間空海は古代後期の中国・日本において、思想・宗教・文化の広範囲な分野に多大の貢献を残しただけではなく、その拡大されたイメージと威力・魅力は、一千年以上の時間を越えて四国遍路をはじめいまに影響を与えていることは興味深い。

変質する空海

関西では、ブリという魚を「出世魚」として珍重し、何か祝いごとがあるとブリを食べる習慣が残っている。その理由は何かというと、この魚は稚魚の頃から「ツバス」「ハマチ」「イナダ」「ワラサ」「ブリ」（関東と関西では名前と順序が少し異なる）などというように順に名前を変え、次第に大きくなっていくからである。その前進的成長が、現実主義者の多い上方《かみがた》では高く評価されたのであろう。全体的に空海と総称される高僧も、あたかもブリのように、次第に質的・量的変化を遂《と》げていったことは類似している。

そこで、いまから人間空海の生涯をいくつかの伝記資料を用いながら順に紹介していきたいが、本書は必ずしも文献学的、書誌学的考察を目指したものではない。けれども、歴史的事実と時代的傾向は十分に把握し、認識しておきたいと考えたので、数種類の伝記資料を利用するほか、渡辺照宏・宮坂宥勝・上山春平・高木訷元・竹内信夫・武内孝善などの先学諸氏の研究を参考にさせていただいた。

また、「はじめに」でも触れたように、中世に成立した幾種かの「行状絵巻《ぎょうじょうえまき》」「行状絵図」などの信仰美術も必要に応じて取り上げて、拡大され、神秘化された弘法大師の存在の意味するところにも目配りをしたつもりである。

誕生と出自

のちに日本仏教の中心の一つとなる真言宗を開いた空海は、奈良の平城京に都を置いた大和政権が聖武《しょうむ》天皇の大仏建立（七五二）以後、土地制度の崩壊や皇族・貴族間の権力抗争、さらには朝鮮半島の新羅《しらぎ》国との敵対関係などの内憂外患によって次第に力を失っていく中、四国の中堅豪族の子として生まれたと考えられる。

空海の具体的な誕生に関しては、基本史料となる『続日本後紀《しょくにほんこうき》』の承和《じょうわ》二年（八三五）三月二十一日に、「大僧都伝燈大法師位《だいそうずでんとうだいほっしい》の空海が紀伊国《きいのくに》（高野山《こうやさん》）の禅居に終《おわ》る（死去）」と記したあと、それに続く庚午《こうご》（二十五日）の条で、空海の卒伝（生前の事跡）を記す中、最初に次のように述べている。

　法師は、讃岐国多度郡《さぬきのくにたどごおり》の人なり。俗姓は佐伯直《さえきのあたい》

以下、『三代実録』をはじめ、多くの伝記はすべて「讃岐国多度郡」を承認している。現在の香川県西部にあたることは疑いない。

ところで、平安末の写しといわれる延暦《えんりゃく》二十四年（八〇五）九月十一日付けの治部省への太政官《だいじょうかん》符《ぷ》には、

　留学僧《るがくそう》空海、俗名は讃岐国多度郡方田郷《かただごう》の戸主《こしゅ》正六位上佐伯直道長《みちなが》の戸口《ごく》、同姓の真魚（旧・中

（村直勝博士蒐集古文書）

と記されている。

この古文書は、「空海」という僧名が太政官符という公文書に最初に登場する貴重な史料である。そこでは「多度郡方田郷」とあるが、承平五年（九三五）頃の成立とされる『和名類聚抄《わみようるいじゆうしよう》』には、記載されている讃岐国多度郡の郷名の中に「方田郷」の名は見あたらない。空海の伝記に詳しい高木訷元氏は、『和名類聚抄』に記されている「弘田郷」の誤りではないかとする説を紹介している。ただ、近年「方田」の名を印した木簡《もつかん》が出土しており、再考が始められている。

ともあれ、その地はいまの香川県善通寺市のあたりに比定されている。

むしろ、この『続日本後紀』の記述から検討されるのは、空海の生年である。先に冒頭だけ引用した卒伝の末尾は、

七年に大僧都《だいそうず》に転ず。自ら、終焉《しゆうえん》の志《こころ》あり、紀伊国の金剛峯寺《こんごうぶじ》に隠居せり。化去《けきよ》（死去）の時、年六十三

とあり、承和二年（八三五）の入定から逆算すると、その生年は宝亀四年（七七三）となる。

しかし、のちの空海の直弟子《じきでし》の一人である真済《しんぜい》（八〇〇～八六〇）が撰したとされる『空海僧都伝』では、「生年（行年）六十二」とあり、逆算すれば宝亀五年（七七四）の生まれとなる。また、上山春平氏などの言及があるように、空海が四十歳にあたって詠じた「中寿感興詩《ちゆうじゆかんきようし》」が弘仁《こうにん》四年（八一三）

の冬に作られたことが証明されているので、空海の卒年は六十二が正しく、生誕も宝亀五年説が確立して広く普及している。

したがって、『続日本後紀』の「化去の時、年六十三」は、「六十二」の写誤と考える説が有力である。のちに取り上げる空海入唐《にっとう》の決め手となった太政官符もそうであるが、正史、公文書といえども人間の作ったものであり、ましてや写本や写しは誤記もされやすい。

歴史的には、宝亀四年と五年の間に神経質になるべき年代的差違はないが、結果的には、空海の師の恵果の師にあたる不空三蔵《ふくうさんぞう》（七〇五～七七四）の卒年（唐の大暦《だいれき》九年＝七七四）である宝亀五年が、信仰的に重要な意味を持つことになるのである。

空海の誕生日と命日

次に、厳密な歴史学的考察からは少し離れるが、現在の日本の仏教の慣習や行事では、空海の命日は三月二十一日とされ、実際に真言宗の著名な寺院や本山では、この日、もしくはひと月遅れの四月二十一日に、「正御影供《しょうみえく》」として遠忌法要《おんきほうよう》（追悼《ついとう》法要）を営むところが多い。

これについては、先述のように『続日本後紀』などの史書に言及があり、承和二年（八三五）の三月二十一日に高野山で示寂《じじゃく》（死去）したことは史実とされている。もちろん当時は陰暦が使用されていたことは疑いないが、陰暦から陽暦への移動は、日本文化の中ではあまり神経質にならずに修正され、こういう宗教法要の日取りの決定は、原則として「月遅れ」が用いられることが多い。お盆や七夕が全国で新・旧入り混じって行なわれているのも決して偶然ではない。

視点を少し庶民化して、のちに定着した空海の誕生日に注目すると、現在では六月十五日が完全に定着し、近年ではむしろ命日にあたる御影供法要よりも盛大に行なわれている。とくに、空海入定の聖地である和歌山県の高野山では、本山寺院のみならず町中が青葉祭りという祭り一色に塗りつぶされる。

このように、ほとんど常識となっている空海の誕生日だが、歴史学的にうるさくいえば、(旧暦)六月十五日に確定したのは、空海よりも三百年ほど時代が下った頃である。

なぜかといえば、キリスト生誕の日とされるクリスマスと同様に、いくら世界史上の偉人であっても、生まれたときは普通の赤ん坊であり、最初から特別にマークされることはない。のちに伝記や絵巻が作られる際には、種々の超人的エピソードが徐々に付加されるが、出生届のない時代では、誕生日は注目されなかった。

とくに東洋では、誕生日を祝う習慣はほとんどなく、わずかな例外である釈尊の四月八日も、スリランカや南インドでは吉月であるウェーサカ月の満月の日という説のほうが古い。四月八日という日が登場したのはもう少し遅く、東アジアで普及した。クリスマスの十二月二十五日も、もとは北ヨーロッパの農業上の祭日だったといわれている。

ともあれ、仏教国であり、各宗の信仰が盛んな日本でも、近世の終わりまで六月十五日に弘法大師空海の誕生を祝う法要を営むことはなかったと考えられる。
しかし、法要がなされなかったとはいえ、空海の誕生を六月十五日とする信仰は十三世紀の鎌倉時代中葉にはすでに成立していた。
すなわち、根来寺《ねごろじ》の学僧で新義《しんぎ》真言宗の教学の基礎を確立したとされる頼瑜僧正《らいゆそうじょう》（一二二六〜一三〇四）の『真俗雑記問答鈔《しんぞくざつきもんどうしょう》』には、
弘法大師御誕生日の事、問う、如何《いかん》。ある伝にいわく、六月十五日云々《うんぬん》
とあり、学僧の頼瑜の参照した「ある伝」には、すでに「六月十五日」とあったという。
しかし、残念ながら博学の頼瑜といえども、なぜほかの日ではなく、六月十五日でなければならなかったかについては言及していない。

空海は不空三蔵の生まれ変わり

ところが、七十年ほど後世に南朝の忠臣として活躍した北畠親房《きたばたけちかふさ》（一二九三〜一三五四）は、おそらくこの説を受けて、さらに内容を展開させている。
（弘法）宝亀五年（七七四）甲寅《きのえとら》六月十五日誕生、この日、唐の大暦九年六月十五日にあたれり。不空三蔵入滅す。よりてかの後身（生まれ変わり）と申すなり
要するに、空海の密教の師である恵果和尚の師にあたる不空三蔵は、現在も日本の密教で主に用いられている『金剛頂経《こんごうちょうきょう》』や『般若理趣経《はんにゃりしゅきょう》』など多数の密教経典をインドやスリランカから持ち帰っ

て翻訳したのみならず、その卓越した行動力と指導力をもって唐の玄宗《げんそう》など三代の皇帝に働きかけ、密教を盛んに高揚した。実に不空の尽力によって、中国密教はその体制を整えたといっても過言ではない。

中国密教の事実上の確立者である不空三蔵は、中国暦の大暦九年（七七四）六月十五日、時の代宗《だいそう》皇帝などに惜しまれながら遷化《せんげ》（高僧が死ぬこと）した。唐朝は喪に服し、三日間政務を休んだという。そして、この大暦九年こそがわが国の宝亀五年にあたっており、空海の伝記において宝亀五年誕生が知れ渡っていたので、のちに「弘法、不空の生まれ変わり説」が登場することになったのである。

この点に関しては、空間そのものの持つ情報力とは直接の関係はないが、よりうがって考えると、空海が二十四歳のとき、自らが出家した理由を戯曲風に表現したとされる『三教指帰《さんごうしいき》』（草稿本書題は『聾瞽指帰《ろうこしいき》』）の下巻に、

豫樟《よしよう》（くすの木）、日を蔽《かく》すの浦に住し（後略）

という記述があり、くすの木が茂る頃、すなわち五、六月頃に生まれたと後世の人々には漠然と理解されていたのではないだろうか。

ともあれ、空海の自伝（『三教指帰』）とのちの伝記資料の情報が相当に広がりを見せ、加えて空間自身、明らかに不空三蔵の情報（思想と行動と美術）を求めており、生き方としても魅了されている点を総合すると、「弘法、不空の生まれ変わり説」は当然生じうる帰結であり、空海そのものまでさ

かのぼりうる可能性を指摘しておきたい。

出生地と家系

先に触れたが、誕生の日と場所という具体的要素は、のちの法要や霊跡《れいせき》参拝などの祖師信仰のうえではむしろ大きな意義を持つに至った。中でも近世後期から「弘法大師の誕生地」は、多くの善男善女が参詣するということで、四国の善通寺隆盛のよりどころとなった。

もっとも、江戸時代には、同じく誕生地を主張する海岸寺（現・多度津町）の訴訟もあり、仲裁に苦労した話も伝わっている。見方を変えれば、庶民の信仰エネルギーはそれだけ強力であるといえるだろう。

しかしながら、大局的に見れば、むしろ空海を生み、かつ育てた社会環境と歴史背景こそが重要であるため、次にその両親を中心とする家族・家系を眺めてみよう。

まず、「空海」という広義の名前を使って話を進めているが、先に四つの名前という一種のライフサイクルを提示したように、出家する前の幼・青年期の空海には、当然俗名ともいう普通の名前があったはずである。墓誌銘的性格の強い『続日本後紀』には俗名の言及はないが、真済の作と伝える『空海僧都伝』では、「五、六歳の後、隣里の間、神童と号す」とある。ただし、この「神童」は一種の普通名詞であって、幼名とはいえない。

空海の幼名・俗名としては、後世「真魚」と「貴物《とうともの》」が普及している。後者の「貴物」は、言葉の内容からして弘法大師の神格化の所産であろうが、前者の「真魚」は、初期の歴史史料には出ないものの、醍醐寺《だいごじ》金剛王院《こんごうおういん》の聖賢《しょうげん》（一〇八三～一一四九）が元永《げんえい》元年（一一一八）頃に著わしたとされる『高野大師御広伝《こうやだいしごこうでん》』に、

少《わか》き時の御名は真魚。其《そ》の父を田公《たぎみ》という

とある。

それよりも、先に取り上げた延暦二十四年（八〇五）九月十一日付けの太政官符には、留学僧空海の下の割注の左行に、

佐伯直道長の戸口、同姓の真魚

とある。江戸時代の大坂南組の惣年寄であった野里梅園《のざとばいえん》（一七八五～？）編纂の古物図録『梅園奇賞《ばいえんきしょう》』所収の太政官符案模写も、ほぼ同様の内容である。

同官符の真偽を問う見解もないではないが、偽書でなければ、空海の俗名・真魚は真実となる。一歩退いても、十二世紀初頭にはすでに普及していた説であり、本書では、四つの名前で触れたように、ひとまず「真魚」の名前を俗名として使用しておくこととしたい。

父と母

史実としては、正確に検討して把握すべきは、出自にあたる出身氏族、とくに両親と兄弟・親族である。

まず、『続日本後紀』に出てくる、

　俗姓は佐伯直

という「佐伯氏」に関しては、佐伯部《べ》・佐伯直《あたい》・佐伯連《むらじ》・佐伯宿禰《すくね》の各豪族の史的概念と関係・区別の論争が続いており、いまだ定説確立には至っていない。とくに、一時もてはやされた空海アイヌ出自説は、すぐに飛びついた学者もいたが、現今では支持する人はほとんどいない。

ともあれ、佐伯の一族の中で比較的経済力があった佐伯直の家系の田公という人物の子として出生したことは認めてよかろう。

高野山大学教授である武内孝善氏の研究によれば、早世した二人の兄姉以外に、鈴伎麻呂《すずきまろ》（従五位下）、酒麻呂《さかまろ》（正六位下）、魚主《うおぬし》（正七位下）など都や地方で官位を得た兄弟が多数いたようである。のちに空海の弟子となり、真言密教の第二祖となった真雅《しんが》（八〇一～八七九）も二十七歳違いの異母弟である。

また、官位の言及のない父・田公が、阿刀氏《あとし》の女《むすめ》を娶《めと》ったことを勘案すると、佐伯直氏は経済的にも政治的にもかなりの力を有していたものと推測される。

母については、初期の史料にはまったく言及はない。当時の傾向として不思議なことではないが、『続日本後紀』には、

　年十五にして、舅《きゅう》（伯父）の従五位下阿刀宿禰《あとのすくね》大足《おおたり》に就いて、文書《もんじょ》を読習し（後略）

とあることから、母が学をもって立つ阿刀氏の女だったことは疑いない。

この阿刀大足は、以後、真魚（空海）の人生において、何度か大きな意味を持って登場してくる。その詳細は次章に譲りたいが、母方も有力な豪族であり、父・田公とめぐり会ったのは、意外と都か畿内であったかもしれない。

伝記的考察に入ると、周知のように、四国遍路など現在流布している弘法大師伝説では、空海の父親として佐伯善通《よしみち》をあげ、母親としては玉依姫《たまよりひめ》をあげることが多い。ここで詳しい論証は省略するが、真済の『空海僧都伝』から近世（江戸時代）の各種大師伝までを列挙しても、善通・玉依の両父母を直接説くものは見あたらない。

その中でとくに注目すべきは、元禄二年（一六八九）、高野山の学僧・寂本《じやくほん》（一六三〇〜一七〇一）が録した『弘法大師賛議補』三巻である。

その冒頭に、以下のような興味深い記述がある。


これより五・六世の孫、田公といいしを大師の御父といい伝う。

（中略）

また、大師御父の諱《いみな》を善通といい、大師その家園を改めて伽藍《がらん》とし、御父の名をもて、善通の寺と号すといえり

すなわち、ここにはじめて佐伯直田公と善通が統合されることとなり、現在に至っているのである

が、歴史的背景は実に明白である。なぜならば、この元禄二年（一六八九）に、現在の四国遍路を事実上確立した聖《ひじり》である真念（?～一六九一）と、高野山の阿闍梨・寂本の共同作業によって、名著『四国偏礼霊場記《しこくへんろれいじようき》』七巻が木版本として刊行され、ベストセラーになったのである。

結論を述べれば、四国遍路八十八カ所霊場が成立したことによって、逆に空海の父の名前が確定したと考えられる。なお、母親の玉依姫は、民俗学で比較的多出する名前であり、やはり民衆が築き上げた存在といえるだろう。人間空海・歴史的空海を核として新たな民俗文化が形成されたのである。

第二章　出家への道のり——情報から癒しへ

さまよう青春

恵まれた環境と両親の優れた遺伝子を受け継いだ真魚《まお》（空海《くうかい》）は、四国においてよりも、いちはやく京近辺で勉学に才能を発揮したものと思われる。先にも触れたように、十五歳のとき母方の伯父である阿刀大足《あとのおおたり》について、文書《もんじょ》を読習したという。

このことは、二十四歳のときに撰述された『聾瞽指帰《ろうこしいき》』の改訂本である『三教指帰《さんごうしいき》』の序文にある、

われ年志学《しいがく》（十五歳）にして、外氏（母方）の阿二千石、文学《ふみのはかせ》の舅《きゆう》（伯父）に就き、伏膺鑽仰《ふくようさんごう》す（伏し従ってあがめる）

とあるのによく符号する。

阿刀大足の生没年代は不詳であるが、寛平《かんぴょう》七年（八九五）三月に京都東山の貞観寺座主《じょうがんじざす》（聖宝《しょうぼう》?）が著わしたという『贈大僧正空海和上伝記《ぞうだいそうじょうくうかいわじょうでんき》』によれば、

延暦《えんりゃく》七年戊辰、外舅《がいきゅう》（母方の伯父）、伊予親王《いよしんのう》の文学、阿刀に就いて、始めて学問す。時に年十五

とあり、親王の個人教師である文学（侍講《じこう》）の前に「伊予親王」という固有名詞がついている。ただ、残念なことに、阿刀大足は他の史書には一切言及はない。

伊予親王は、平安京を開いた桓武《かんむ》天皇の寵愛した皇子《みこ》であり、その才気を買われて将来を嘱望されていたが、異母兄の安殿親王《あてしんのう》が平城《へいぜい》天皇に即位したあとの大同二年（八〇七）、藤原宗成《ふじわらのむねなり》の陰謀の犠牲となって、その母の藤原吉子《ふじわらのよしこ》とともに川原寺《かわらでら》に幽閉された。一室に閉じこめられた親王母子は、ついには毒薬を仰《あお》いで自らの命を絶った。空海の伯父の阿刀大足が伊予親王の侍講であった時期を記した史料は見あたらないが、のちに空海がにわかに入唐《にっとう》を決断し、得度《とくど》、度牒《どちょう》を受けて遣唐使に加入することを許された事実に対して、当時まだ有力であった伊予親王の推挙を指摘する意見もある。

各種の史料によって、十五歳で阿刀大足から漢文典籍《てんせき》等の文書を学んだことは明らかであるが、『続日本後紀《しょくにほんこうき》』の卒伝には、続いて、

　十八にして槐市《かいし》に遊学す

とある。

すなわち、都に出て大学（槐市）に入ったわけであるが、以上の文章を段階的に読むと、十八歳で都（おそらく旧都平城京）に上ったことになるので、逆に十五歳のときには郷里の讃岐《さぬき》で大足から学んだと解釈できる。実際、郡司クラスの子弟であれば、讃岐の国学（地方大学）で学べたはずであるが、讃岐での修学については直接に記すものはなく、大足が妹を訪ねた際に短期的に讃岐で指導した

ことはあったとしても、政治、行政、そして何よりも情報の中心地奈良の都に対する求心力は想像以上に強力であり、近年では空海は、十五歳の頃からすでに都に入っていたとする考えが有力である。

仏教への志向

空海が、深さと広さを誇る宗教や美術の文化情報に対する鋭い感覚を持っていたことは本書で折に触れて明らかにしていきたいが、官吏への道（俗世界）に絶望して、その反動として仏教（聖世界）に入ったと単純に考えるよりも、のちの空海の二極性、二軸性から思慮すれば、本質的に聖なるもの（超越的、かつ内在的なもの）に対する志向性を持っていたことは疑いない。

同様な傾向は、間もなく関係を持つことになる同志であり、かつよきライバルともなる最澄《さいちょう》にもあてはまるが、とくに空海の育った讃岐は、瀬戸内の海上交通の要路にもあたり、早くから文化が開け、白鳳期の頃から私寺（氏寺）も建立されていた。国衙《こくが》（国司の役所）・国分寺も生所と推定されるところから遠からぬところにあり、その暖かな風土ともあいまって密教的情操も豊かであった。そして何よりも、のちに四国遍路という一大宗教文化をはぐくんだ地方だったのである。

中世以降の伝記類が、いずれも空海が仏典を好み、幼児のときには泥塔《でいとう》や泥仏《でいぶつ》を作って礼拝《らいはい》したと語るのは、単なる神秘化・神格化にとどまるものではなく、空海の将来を暗示するものといえよう。

しかし、都の文官であり、いわば世俗の学問の代表ともいうべき阿刀大足は、おいの空海の大学入学と官吏としての栄達を強く望んだはずである。空海が試行的に世俗の道に入ったあと、弁明の意味も兼ねて著わした『三教指帰』に登場する亀毛《きもう》先生（儒教の教師）は、次第に衰えつつあったとはいえ、大唐帝国の儒教に基づく官僚政治を代弁している。

高木訷元氏が推測するように、空海が十五歳で都にいたであろう大足に師事したのも、大学入学の最終年限である十六歳を翌年に控えてのことであり、彼は空海を是が非でも大学へ進ませる考えがあったのだろう。

私は、空海が大学に入学する前から、一方で当時の宗教情報を集めていたのではないかと考えている。何か重要な出来事を仕かける前に、必ず大量かつ多種の情報を集めて可能性を吟味するのは、空海の才能であるとともにそのバックボーンとなった密教の特徴でもある。

真魚の覚悟

ともかく、各史料がこぞって説くように、延暦十年（七九一）、真魚は十八歳で都の大学に入った。卒伝に見られる「遊学」、『三教指帰』の序文にある「遊聴」という言葉から、正式な学生ではなく、いわゆる聴講生ではなかったかとする意見もあるが、大学の学則にあたる『学令《がくりょう》』に説く「五位以上の子孫」「年十三以上、十六以下」という規定にも特例や例外があり、その有力な人脈等から超法規的な措置に恵まれていた空海にとっては、「遅れてきた入学」も決して難しいことではなかった。

むしろ、重視すべきは、「十八歳」という「遅い年齢」である。この点について、高木氏は「律令的制約」を主張する。つまり、この年になると、律令体制の中に完全に組み込まれ、故郷の讃岐に帰って課役の義務を果たさなければならない。現在の日本国の二十歳、成人にあたる。ところが、すでに空海は、スタンスの片足を聖なる世界に置きはじめていたが、いわばモラトリアムとして執行猶予の期間を都ですごしていたのであろう。もしも空海の学問断念と方向転換が、大学に入って以後の実学への落胆、官吏養成教育への失望であったなら、ともかく大学へはもう少し早く入っていたのではなかろうか。

それは別にして、たとえ積極的ではなかったとしても、空海がしばらく大学で研鑽に励んだことは事実である。紀伝などの基本的な教養はすでに阿刀大足のもとで身につけていたが、後世の『御遺《ごゆい》告《ごう》』（十世紀頃の作とされる『三十五箇条の御遺告』など）に、

直講《じきこう》（教師）の味酒浄成《うまざけのきよなり》に従って、毛詩（『詩経』）、左伝、尚書（『書経』）を読む。また、左氏春秋を岡田博士に問う

と記されているように、中国儒教の代表的典籍を履修した。

『三教指帰』では、より宗教的上位の仏教に移った立場から、儒教の思想や学者は、その世俗的、非救済的在り方を批判されているが、入唐後、中国で世俗的分野でも実力を発揮した空海にとっては、大学での学習も十分に役に立てることができたのである。

しかし、大学の学問・知識は、すでにより広くて深い思想体系とそれを実証する体験を求めはじめていた空海にとっては、最終目的とはなり得なかった。

また、政治的に見ても、新帝・桓武が旧都奈良を捨て、新しい政治と都を求めて暗中模索している中、新都長岡京の造営長官であった藤原種継《ふじわらのたねつぐ》の暗殺、それと連動する早良親王《さわらしんのう》の廃太子という暗雲がたちこめ、藤原氏の権力拡大と反比例して旧勢力の大伴《おおとも》・佐伯《さえき》両氏の凋落《ちょうらく》がはじまった時期であった。

もとより宗教志向が強かった空海にとっては、次の行動がはじまる好機でもあった。

癒し系・出世間系へのシフト

おそらくまだ「佐伯真魚《さえきのまお》」と名乗っていたであろう「空海《くうかい》」が、これまでの通説のように大学を中退したのか、またはとにかく期限まで修学していたのか、あるいはまた最初から正規の学生ではなく、一種の聴講生であったので、比較的抵抗なく大学を離れたのかは意見の分かれるところである。

むしろ以後の空海の行動と学識から振り返ると、平城京での修学は、プラスとなった点が多かったと思われる。とくに意義のあったのは、讃岐での漢学の修得に加えて、都の大学での勉学は、やはり空海の漢学の素養のうえで大きな収穫となったことは疑いない。

その成果は、退学の弁明ともなった『聾瞽指帰』（のちに『三教指帰』と改訂）の広範な学識の中に顕著に表われているとともに、おそらく空海は、在学中、もしくは退学以後、都およびその周辺で漢語の会話も身につけていた可能性が強い。空海の知的情報、とくに言語と思想に対する鋭い嗅覚は次章で詳説したいが、大学での修学は、たとえ短期間であったとしても後世の空海に与えた影響は決して少なくない。

しかし、大学から離れて、他の兄弟のような官吏への道から百八十度進路を転換した空海は、考え方によっては癒《いや》し系の世界に入ったともいえるし、情報という知的行為に固執するなら、世間情報ではなく、宗教的な出世間《しゅっせけん》情報収集にシフトしたともいえる。

そこで、空海が大学や都を離れて、求聞持法《ぐもんじほう》（密教で、記憶力の増強などを得るための修法《しゅほう》）などを中心行法《ぎょうぼう》の一つとする山林修行の道に入ったという『三教指帰』序文や『大僧都空海伝《だいそうずくうかいでん》』の記述に一応従いながら、求聞持法と空海の関係、一沙門《しゃもん》（修行僧）の意義、ならびに『三教指帰』の本文の構想の三点をもう少し考察していきたい。

新行法の勧め

従来の大師伝《だいしでん》や行状絵巻《ぎょうじょうえまき》では、空海が大学から離れて、いわゆる優婆塞《うばそく》（具足戒《ぐそくかい》を受けない在俗の仏教者）の世界に入ったことについて、一沙門から求聞持法を授けられたことをあげている。

たとえば、藤原良房《ふじわらのよしふさ》らが勅《みことのり》を奉じて撰したとされる『大僧都空海伝』（十世紀頃成立）では、

時に一《ひとり》の沙門あり。虚空蔵《こくうぞう》求聞持の法を呈示す。その経に説かく、もし人、法によってこの真言一百万遍を読まば、すなわち一切の教法の文義《もんぎ》（文章と意味）暗記することを得《う》

とあるように、一人の沙門から虚空蔵菩薩《ぼさつ》の求聞持法を教えられ、同経に説かれる陀羅尼《だらに》を百万遍唱えれば、すべての教えの文章と意味を暗記し、体験できると述べている。

これは、空海の自著とされる『三教指帰』の序文に、

> ここに一《ひとり》の沙門あり。余に虚空蔵聞持の法を呈《しめ》す。その経に説かく、「もし人、法によってこの真言一百万遍を誦せば、すなわち一切の教法の文義暗記することを得」と。ここに大聖の誠言《じょうごん》を信じて、飛《ひ》燄《えん》を鑽《さん》燧《すい》に望み、阿国大滝嶽に躋《のぼ》り攀《よ》じ、土州室戸崎に勤念《ごんねん》す。谷響を惜しまず、明《みょう》星《じょう》来影す

とあることにさかのぼる。これをそのまま素直に読むと、「一人の沙門」から求聞持法という当時新しく流行しはじめた修行法を授けられ、四国の大滝《たいりゅう》ヶ《が》岳《たけ》（阿波）や室《むろ》戸《と》崎《ざき》（土佐）で修錬し、明星（金星）を実感したなどの神秘的体験を経たのちは、世間の虚飾に満ちた生活に絶望し、諸行無常の寂《じゃく》静《じょう》の境地を求めて仏教の世界に入った、という時間的プロセスが浮かび上ってくる。

この時点では、大自然の中に自らを没入するといった高次の癒しの意味はあまりなかったと思われるが、聖なるものにあまねく包まれているとする密教への事実上の出発点であったことは間違いない。

求聞持法

求聞持法という密教修法は、のちには如意輪などの観音菩薩を本尊とする例もあるというが、大部分は、虚空蔵菩薩を本尊とする。現に、『三教指帰』の序文にも明確に「虚空蔵聞持の法」とある。

この修法のテキストにあたるのは、渡来僧の善《ぜん》無《む》畏《い》三《さん》蔵《ぞう》（シュバカラシンハ、六三七〜七三五、インド出身）訳の『虚《こ》空《くう》蔵《ぞう》菩《ぼ》薩《さつ》能《のう》満《まん》諸《しょ》願《がん》最《さい》勝《しょう》心《しん》陀《だ》羅《ら》尼《に》求《ぐ》聞《もん》持《じ》法《ほう》』（『虚空蔵菩薩求聞持法』）一巻と思われ、

同類の経軌《きようき》はほかには知られていない。また、対応する梵本《ぼんぽん》・チベット語訳も報告されておらず、これまでは孤立的な要素の強い雑密《ぞうみつ》（初期密教）の経典とされてきた。

同軌は、善無畏三蔵が開元四年（七一六）、シルクロード経由で中国に入り、その翌年の開元五年に長安の西明寺《さいみようじ》で訳出した（『宋高僧伝』）。善無畏自体の密教を考えると、晩年の開元十二年（七二四）に洛陽の福先寺で『大毘盧遮那成仏神変加持経《だいびるしやなじようぶつじんぺんかじきよう》』（『大日経《だいにちきよう》』）を訳出しているので、のちに空海とのかかわりを問われる『真言付法伝』（『略付法伝』）では、弟子の一行禅師《いちぎようぜんじ》（六八三〜七二七）とともに『大日経』・胎蔵《たいぞう》系の法脈に配当されている。

ところで、幸いなことに、同経は入唐して善無畏三蔵に師事していた可能性のある大安寺《だいあんじ》の僧・道慈《どうじ》（？〜七四四）によって、養老二年（七一八）には日本に伝えられた。

当時の仏教状況を大局的に見ると、六世紀頃に伝わった仏教は一応の定着を見、平城京の大寺を中心として主に学僧たちによって研鑽されていた。他方では、哲学的学解だけでは満足せず、少し離れて南に広がる奥奈良、南紀の山系では、山中の大自然のもとで修行し、そこから宗教的エネルギー（具体的には優れた智恵と強靭な肉体）を得ようとする仏教運動が盛んになってきた。のちに修験道の祖とされる役行者《えんのぎようじや》は、その代表的存在としてイメージが形成される。

そして八世紀の頃になると、「芳野僧都《よしのそうず》」と称される神叡《しんえい》が出て、奈良の南で南紀山系の入口にあたる吉野（芳野）の比蘇寺《ひそじ》（もしくは現光寺《げんこうじ》）に住し、自然と一体化する山林修行の結果、「自然智《じねんち》」

を得たという。

善無畏訳のテキストには虚空蔵菩薩を本尊とする修法が説かれているが、本文に、

すなわち、聞持（聞いたことを記憶する）を獲《え》、一たび耳目にふれし文義は倶《とも》に解し、これを心に配して永く遺忘することなし。諸余（その他）の福利は無量無辺なり

とあることから、成仏を願うというよりも、知的能力、とくに記憶力保持の功徳がある新来の経典として大流行し、すでに活動をはじめた自然智宗系の山林修行のバイブルとなったのではなかろうか。時代の下る『今昔物語集《こんじやくものがたりしゅう》』の頃になると、神叡自身が比蘇寺で自然智を得たのは、虚空蔵菩薩の霊感によるものとしている。

山林修行と不可分に結びついた求聞持法は、道慈以後も、大安寺の勤操《ごんぞう》、法相宗《ほっそうしゅう》の護命《ごみょう》など当時第一線の学僧をも含み、奈良期後半の注目すべき仏教運動となっていったが、四国遍路とのつながりを指摘される空海もまさにその延長線上に登場したのである。

私度僧空海

聖なるものの存在と救いに魅力を覚え、官吏養成の実務に傾きかけていた大学から意識的に離れた空海は、宗教形態的には一応「出家」したことになる。空海自身は、自らの出家に対しては詳しく語らないが、自伝と推測される『聾瞽指帰』では、空海をモデルとする仏教僧の仮名乞児《かめいこつじ》が、常に私度《しど》僧《そう》、つまり正式に東大寺などの戒壇で受戒・得度していない非公式僧の阿毘法師《あびほっし》や光明という優婆塞

（在家の男性信者）と親しく交際し、援助を受けていることから、近年の研究では明らかに空海自身も最初は勝手に出家した私度僧であったことは否定できない。

触れるのが遅くなったが、たとえ国家承認ではなくても、出家すれば、従来の俗名は捨てて新たに僧名を名乗ったはずである。それならいよいよ狭義の「空海」を使いたいところであるが、一応フィクションである『聾瞽指帰』、改訂本の『三教指帰』、両者の序文など、いかなる文献資料にもこの時期の「空海」を証明するものはない。実に、「空海」の初出は三十一歳での正式度牒と入唐の証明にあたる延暦二十四年（八〇五）の太政官符《だいじょうかんぷ》を待たねばならない。

空海の膨大な伝記資料群の中では第二段階資料にあたる、十世紀頃成立の『御遺告』では、

　三教指帰三巻を作り、近士《ごんじ》（在家信者）と成りて無空と称す

として、私度僧としての名前を「無空」としている。援用する史料が少ないので指摘するにとどめるが、もし事実であれば、「無空」とは、「空では無い」なのか、「無と空」なのか、大変興味をそそられるところである。

なお、同じ『御遺告』は、少しあとに、二十歳のとき、大安寺の勤操僧都について南河内の槇尾山《まきのおさん》（施福寺《せふくじ》）で正式に得度・受戒して、

　名をば教海と称し、後に改めて如空と称す

とする。

しかし、こうした二十歳得度・受戒説は、空海寂《じゃく》後の弟子たちが、開祖の私度経験をつくろうために意識的に修正したものである。したがって、「無空」「教海」「如空」のいずれも、「空海」の名とあまり離れないことは興味深いが、歴史的に「空海」の呼称がやはり信憑性が高い。

都を離れて山林修行の在家仏教者の群れに身を投じた空海の周りには、かなりのネットワークができあがっていたようで、『三教指帰』の序文によれば、その範囲は、南奈良、吉野、大峯、熊野の近畿圏にとどまらず、四国の室戸崎や大滝ヶ岳にも及んでいる。これらの場所で『虚空蔵菩薩求聞持法』を修して、大自然の中で神秘的なエネルギーを感得したものと思われる。求聞持法では、明星（金星）を観想する部分があり、そのためには山頂や海辺といった見晴らしのよいところが選ばれる。

このように、空海が若き日に修行した場所を中心に、少し遅れて次第に四国霊場というものが築き上げられるのである。

だれが求聞持法を伝えたか

なお、空海に求聞持法の情報を与えた「一沙門」について、『続日本後紀』をはじめ古い伝記ではその内容を記さない。しかるに、康保《こうほう》五年（九六八）六月の日付けを持つ『金剛峯寺建立修行縁起《こんごうぶじこんりゅうしゅぎょうえんぎ》』、および観賢僧正《かんげんそうじょう》（八五三〜九二五）との関連も想起される『二十五箇条《にじゅうごかじょう》の御遺告《ごゆいごう》』などの遺告類では、この沙門を大安寺の勤操であったとする。それ以後の伝記類もほとんどすべてがこの説を踏襲している。

奈良後期から平安初期にかけて仏教界において重鎮であった勤操僧都が空海に求聞持法を与えたという証拠はなく、むしろ帰国後名声を得た空海が天長五年（八二八）に、「故の贈《もと》僧正勤操大徳影の讃并《ならび》に序」を著わした結果、師とされたのであろう。

もっとも、勤操をはじめ護命などの南都仏教の高僧も実践としては山中で修行していたといわれており、学解《がくげ》（学問的理解）だけでは宗教的威力を生み出さない事実を証明している。

なお、近年では、空海があえて名前を明かさない一沙門を、大安寺僧の戒明《かいみよう》にあてる説が有力である。戒明は、空海と同じ讃岐国の出身であるが、早く入唐し、宝亀九年（七七八）頃帰朝した。非常に生まじめな僧であったらしく、経論《きようろん》の真偽内容よりも当時の中国で流行していたものを持ち帰った。そのため、彼が伝えた『釈摩訶衍論《しやくまかえんろん》』や『大仏頂経《だいぶつちようきよう》』などの真偽をめぐって（南都仏教の学僧たちからの）論難の的となった。

その不運な戒明と空海にはいくつかの縁があったようで、大安寺の法流を継ぐ戒明が求聞持法をそれとなく空海に伝えた可能性は想起されうる。

学問や知識とは少し離れるかもしれないが、空海ほど人間関係に気を配り、かつそれを大事にした人は少ない。皮肉な見方をすれば、相手の歓心を買い、グループを作るともいえるが、空海の場合はとりわけ非運の者に手を差し伸べている。司馬遼太郎氏風にいえば、「恩を売る」やり方ともいえるが、必ずしも見返りを要求しているとも思えない。人間のネットワークは最も単純でかつ強力である。

マンダラの人・空海特有の一面である。

出家宣言の書

すでに触れたように、『三教指帰』の序文とそれに依拠した多くの伝記類によれば、ある沙門から山林修行のバイブルともいうべき『虚空蔵菩薩求聞持法』を教えられたことによって、空海は、学問・栄達の道から、孤独なさとりと救済の道に入ったことになる。

このあと再び論じるように、この求聞持法が、一般の仏教と同様に自利・利他双修の教えなのか、あるいは未組織的・非体系的な雑密といわれるものなのか、さらには最近の説のように成仏を具備した純密《じゅんみつ》（中期密教）の要素をほぼ完成していたものか、それに対する空海の理解度によって、のちの入唐の動機・理由も異なってくるが、三章からなる比較思想論を一見する限り、少なくとも表面的には密教の要素は少ない。

おそらく空海が中国から帰朝したあと、彼の得意とする既発信情報の向上（ヴァージョンアップ）に基づいて行なった作業は、草稿本の『聾瞽指帰』（耳と眼の不自由な者に教え示すという意味）を『三教指帰』と改名し、あわせて序文をまったく書き改めることであった。

そして、一沙門の教えた求聞持法の行《ぎょう》に引かれて山林修行の道に入ったと述べたあと、次のように、一見はでやかな現世の裏にかいま見える無常観を説いている。

ついにすなわち、朝市の栄華、念念（一瞬間）にこれを厭《いと》い、巌藪《げんそう》の煙霞《えんか》（煙たなびく窟や水のな

い沢）日夕《じつせき》にこれを飢《ねが》う。軽肥《けいひ》（軽やかな衣と肥えた馬）流水《りゆうすい》を看《み》ては、すなわち電幻《でんげん》の歎き、忽《たちま》ちに起り、

（後略）

そして、さらに、

ここに一多の親識（親戚と友人）ありて、我を縛するに五常（仁・義・礼・智・信）の索《なわ》をもって し、我を断《さだむ》るに忠孝に乖《そむ》けるをもってす

という記述からはじまって、「一の表甥《ひようせい》（姪牙公《しつがこう》）」「兎角《とかく》（主人）」「亀毛《きもう》（儒客）」「虚亡《きよぶ》（隠《いん》）士《し》（道士仙人）」「仮名《かめい》（乞《こつ》）児《じ》（出家の僧）」という五名の登場人物を順に取り上げ、いわゆる『聾瞽指帰』の内容を要約した結果を、

勒《ろく》して三巻と成す。名づけて「三教指帰」という。ただ憤懣《ふんまん》の逸気（はやる心）を写す。誰か他家（他人）の披覧《ひらん》（参照）を望まん。

時に延暦十六年臘《ろう》月（十二月）一日なり

と結んでいる。

空海の遺跡・高野山《こうやさん》に、空海の直筆とされる『聾瞽指帰』二巻（国宝）が伝わっていることはよく知られている。その雄渾にして覇気のある筆勢からして、巻末にある「時に平朝御宇・聖帝瑞号延暦十六窮月始日（十二月一日）なり」を信じるなら、延暦十六年（七九七）のつまり空海二十四歳の作

ということになる。ただし、偽作説もある。

『聾瞽指帰』書き換えの意味

すでに知られているように、『聾瞽指帰』は空海二十四歳の初作であるが、ある時期にそれを改訂した。形態的には、上下二巻が上中下の三巻となったが、本文の内容は語句の修正程度で大きな差異はない。むしろ大きく変化したのは、冒頭の序文と巻末の十行の漢詩（十韻の詩）が書き換えられている点である。

この書き換えを空海が入唐する前（延暦二十二年＝八〇三以前）に限るのか、あるいは入唐帰朝後（たとえば大同元年＝八〇六位後）に下げるのかで、変更の意図も若干異なってくる。

ともあれ、文章の推敲は『聾瞽指帰』から『三教指帰』の移行の中に若干認められるが、意味上の大差はない。なお、『三教指帰』の執筆を空海自身ではなく、平安後期の著名な密教僧・済暹《さいせん》（一〇二五〜一一一五）にあてる説も登場している。

それに対し、両者の序文の差は大きく、文体的にも、草稿本、もしくは未訂稿本とされる『聾瞽指帰』では、四六駢儷体《しろくべんれいたい》の美文が連なる割には深い意図を探しにくいのに対し、『三教指帰』の場合は、本文の隠喩的な内容とは別に、明確に自らの出家の動機を『虚空蔵菩薩求聞持法』との関連に遡及させている。その意図的、さらに言葉を強めれば情報操作的方法は、たいせつな著作ではしばしば草稿本と校訂本の二本を作り、両者の間に重要な区別を意識的に措定して、問題を特定化した立場と、広い、複数の要素を許容する立場をともに解決させようとすることの得意な空海の常套手段といえよう。

改めて要約することとなるが、『三教指帰』（『聾瞽指帰』）は内容的にはフィクションであり、儒教・道教・仏教の各々の教えを奉じ、実践する者が一名ずつ順に登場して、最初にある無神論の放逸者に教示を与えるストーリーである。

登場人物の名は、「兎角」（うさぎの角）、「亀毛」（亀の毛）など仏教論書でよく使われる非実在なものの代表である。詳しい内容は専書を参照されたいが、無倫理・無道徳の放逸者には、儒教の説く忠・孝・仁・義などの世間道徳が有効であるが、それとて神仙の隠棲の哲学・長寿の功徳にはかなわない。だが、最終的にたいせつなのは自らさとり、他をも救う仏教の教えと実践であるとする。

このような一種の比較思想は、いずれの文化圏でも行なわれるが、中国では外来の仏教と中国の主流思想である儒教と民衆の生活基盤となった道教がしばしば論争を生じ、優劣を競った。大学等で多くの漢籍を読み、また早くから仏典にも深い興味を示していた空海は、必ずしも日本では普及していなかった道教の人気書『抱朴子《ほうぼくし》』や『神仙伝《しんせんでん》』までをも知悉《ちしつ》していた。

それゆえ、青年期の学問に対する成果が虚構の文学の中に収約されたのみならず、自らの思想遍歴と最終的な仏教選択をリーディングドラマ風にまとめたのが『聾瞽指帰』であったが、それだけでは突然の出家、ならびにあとに続く入唐の必然性が不十分であった。そのため、『聾瞽指帰』では言及のなかった外的要因をあとから導入することになったのではなかろうか。

再び求聞持法に戻ると、八世紀前半（七一六年）という早い請来《しょうらい》とやや未整備な内容から、『虚空蔵菩薩求聞持法』は体系的な密教ではないとされてきたが、最近の研究では、同経は、むしろ基本経典となる広本『金剛頂経《こんごうちょうきょう》』の第四品《ほん》にあたる「一切義成就品《いっさいぎじょうじゅぼん》」の原初形態であるとされている。同経は、『大日経』を訳出した善無畏三蔵の初期翻訳ではあるが、彼にはかの『金剛頂経』に対する異種のマンダラも伝えられている。

いくら情報に対する鋭い感覚と広い知識がある空海とはいえ、二十一世紀の仏教学の最新情報まで把握していたとは思えないが、求聞持法の獲得があとから挿入されたことは、従来の世俗から儒教へ、そして道教をはさんでより高次の仏教へという展開にとどまらず、後世の修験的密教だけではなく、身《しん》・口《く》・意《い》という三種の行法（三密行法《さんみつぎょうぼう》）を用いる中期密教の存在を予見していたことにもなろう。

第三章　入唐前夜——基礎要件の確保

空白の七年

歴史資料から見れば、『聾瞽指帰《ろうこしいき》』を著わした延暦《えんりゃく》十六年（七九七）から、入唐《にっとう》のために慌ただしく得度《とくど》・受戒を経験する延暦二十三年（八〇四）までの七年間は、空海《くうかい》に関する言及はまったくない。否、空海という名前であったという保証もない。「空白の七年」とは、まさにこの時期を指す。

そこで、のちの空海の言葉や文章から補ったり、入唐直前の諸事情から類推を加えることになるのであるが、まず第一に、『聾瞽指帰』を書いたあとも、近畿、南紀、四国で山林修行を続けていたことは間違いなかろう。『三教指帰《さんごうしいき》』への改編をこの時代にあてる説もある。

時期的には決定できないが、のちに空海の文章を集成し、真済僧都《しんぜいそうず》の撰した『遍照発揮性霊集《へんじょうはっきせいれいしゅう》』（『性霊集《せいれいしゅう》』〈『性霊集《しょうりょうしゅう》』〉）に収録されている「紀伊国《きいのくに》伊都《いと》郡《ごおり》高野《こうや》の峯において入定《にゅうじょう》の処を請《う》け乞《こ》うの表」では、次のように述べている。

> 空海少年の日、好んで山水を渉覧《しょうらん》（歩き巡る）しき。吉野より南に行くこと一日、さらに西に向かって去ること両日（二日）程《てい》にして、平原の幽地あり、名づけて高野という

この言葉は、帰朝後の弘仁《こうにん》七年（八一六）、密教の修禅《しゅぜん》の道場として南紀の高野山を下賜《かし》されんことを願うところで改めて言及するが、ここでたいせつなことは、単なる知識ではなく身体で覚える智恵を評価した空海は、すでに若い頃から自分の足で歩いて情報を得ていた点である。とくに、「少年」という言葉から判断すると、『聾瞽指帰』を書いた二十四歳よりは前のことであったろう。

中世以後、次第に形を作っていく四国遍路も、最初は平安時代の辺地《へじ》修行者たちによって歩まれた道であり、『三教指帰』序文で登場してくる室戸崎《むろとざき》や大滝《たいりゅう》ヶ岳《がたけ》も空白の七年の間に訪れた可能性はある。

秘経感得

もう一つは、むしろ伝記類に登場する「秘経感得《ひきょうかんとく》」というエピソードである。早い言及は、弟子の真済僧都の撰とされる『空海僧都伝』であるが、いささか長文なので、ここでは現代語訳を紹介しておきたい。

さて、二十歳になると、剃髪《ていはつ》して沙弥《しゃみ》（見習いの徒弟僧）の戒を受けた。そして仏像に向かい、次のように誓願した。

「わたくしは仏道に入ってからは、いつも最もたいせつなことを知りたいと求めてきました。三乗とか五乗とか十二部とかいう仏教の教えを学びつくしましたが、心のうちに疑いが残っていてまだはっきりいたしません。仰《あお》ぎ願わくは、諸仏よ、わたくしに究極の真理を示したまえ」と一心に祈ってお願いしたところ、夢にある人が現われて、「『大毘盧遮那経《だいびるしやなきよう》』（『大日経《だいにちきよう》』）こそあなたが求めるものである」と示してくれた。はっと目が覚めて歓喜《かんき》した。早速、その経典一部を手に入れて帙《ちつ》を開き、通読してみたところが、さとりに至らぬ理解のためにとどこおるところがあり、質問をしてもだれもわかるものはいなかった。

すなわち、すでに仏教の世界に長年身をとどめ、求聞持法《ぐもんじほう》まで修していたはずの空海は、さすがにその直観力と理解力によって仏教の多様性と深遠性に気づき、悩みはじめていたという。そのため、宗教的な方法として仏像に願をかけたら、夢にある人が現われて、『大毘盧遮那経』、つまり『大日経』を示したのである。

それに続いて、『空海僧都伝』には、

さらに発願《ほつがん》をなして、入唐学習せんとす

とあるので、ストーリーとしては、やっと教えを得て求めていたものを探しあて、経典を開いたが、意味がわからず、問い直す人もいなかったので、直接中国へ行って学ぼうということになったと解釈できる。

少し時代の下る『御遺告《ごゆいごう》』では、話の筋道はほとんど変わらないが、『大毘盧遮那経』の所在を、

大日本国《やまとのくに》高市《たけち》郡《ごおり》久米《くめ》の道場の東塔の下《もと》に在り

と特定させ、具体性を増している。

そしてこれら以後、空海の入唐の直接の目的は、『大日経』に代表される純密《じゅんみつ》の理解と実践を求めてのものだったという考えが主流となったが、学術的にはそれで十分だろうか。

そこで、入唐直前の空海の密教理解を中心に、入唐の動機を私なりに改めて整理してみたい。

『大日経』不請来の謎

空海が三十歳をすぎて突如正式に得度・受戒し、また自らの氏族の佐伯氏《さえきし》や阿刀大足《あとのおおたり》の筋で当時まで有力な地位にあった伊予親王《いよしんのう》に働きかけたのか、詳しい史料はないが、欠員の出たやり直し遣唐使節に便乗しようとしたのは、にわかの入唐に命をかけた証拠と考えたい。

その熱烈な理由、目的について、伝記類はおおむね『大日経』をあげるが、その裏づけとも考えられるのは、『性霊集』第七巻の「四恩《しおん》の為《ため》に二部の大曼荼羅《だいまんだら》を造り奉る願文《がんもん》」に、

> 弟子空海、性薫《しょうくん》われを勧《すす》めて還源《げんげん》（最奥の真実）を思いとす。径路未だ知ざれば、岐《ちまた》に臨《のぞ》んで幾たびか泣く。精誠《しょうじょう》感ありて、この秘門を得たり。文に臨んで心昏《くら》し。赤県（福建省赤岸鎮《せきがんちん》・空海漂着の地）に尋ねんことを願う

とある文中の「秘門」という言葉である。

これを日本の密教後継者たちは、『大日経』とその密教と解したようであるが、はたしてそうであろうか。

『大日経』という非常に意義深い密教情報は、空海よりはるか以前に伝わっている。正倉院文書によれば、『大毘盧遮那経』とも呼ばれる『大日経』は、天平の時代に部分的なものも含めて何度か写経されている。

また、空海が生まれる直前の宝亀三年（七七二）には、西大寺《さいだいじ》の僧・仙憬《せんけい》が、『大毘盧遮那経』一部七巻をはじめとする七部四十三巻の借用を東大寺に申し入れている。

歴史的には、天平七年（七三五）に入唐学問僧の玄昉《げんぼう》（?～七四六）が、新撰の『開元釈教録《かいげんしやくきようろく》』とそれに基づく経論《きようろん》五千余巻を伝えているので、善無畏《ぜんむい》訳の同経も当然含まれていたはずである。

以上を総合すると、空海が入唐以前に奈良のいずれかで『大日経』を見ていたことは何ら不思議ではない。しかしながら、それだけ重視したものであったなら、のちに恵果《けいか》や般若《はんにや》（七三四～?）から密教を授かり、それらを自撰の進官目録である『新請来の経等の目録を上《たてま》つる表』（通称『請来目録《しようらいもくろく》』）にもっと特筆すべきであった。けれども、そこでは未伝の不空《ふくう》訳の多様な密教経典だけが特記され、『大日経』も、また唯一の注釈書である『大日経疏《だいにちきようしよ》』の名前も認められない。

この空海の態度をどう解釈すべきだろうか。まず考えられるべきは、やはり『大日経』や『大日経疏』は意識的に請来しなかったという判断である。両者とも数十年前には日本に伝わっていた。伝記では、読むことはできたが、内容まで理解できず、教えられる人もいなかったということだが、それだけ思い込んでいた経典だとしたら、『請来目録』で無視した態度はやや不可解である。

第二に、確かに『大日経』の詳しい理解を求めていたが、逆に進官目録（『請来目録』）とともに朝廷に提出しなければならないので、意識的に目録から外していわゆる「録外」とし、自分の手もとに置こうとしたという推測も成り立つ。空海請来とされるものの中に、『請来目録』に載らないものもある。たとえば、特別のほとけ（仏）の図を描いた密教図像や、おそらく自らが常用していたであろう仏具・法具については言及はない。

つまり、提出後国有化されることを危惧してか、たいせつなもの、常用するものは逆に目録から外したと考えることもできる。情報学の言葉でいえば、最初から自主的に情報選別を行ない、個人情報、重要情報は意識的に公開しなかったと考えれば、『大日経』を重視すればするほど逆に目録には載らなかったことになる。

クローズアップする『金剛頂経』

しかし、空海の人間的性格は非常に積極的、かつ開放的であり、強調したいことやものは大々的に主張する傾向が強い。いわば売れ筋の商品、ヒット商品を意識的に私蔵しようとしたとは思われない。帰国後の彼の活動を見ると、『大日経』は教義のうえで両部密教の一方の位置は与えられているものの、教学的かつ実践的には、他方の『金剛頂経《こんごうちょうきょう》』の重視が目立ち、全体の中ではナンバーツーの位置に甘んじているようだ。

そこで私の見解だが、量的にも、また質的にも情報収集にたけていた空海は、おそらく空白の七年の間に、奈良の都や近畿の山林で相当の密教情報を得ていたものと判断される。とくに直観力の鋭い空海は、求聞持法を行なう中で、そのテキストが『金剛頂経』という強力な密教経典の原初的な一部であることをかすかにかぎとっていたかもしれない。

実際のところ、玄昉が伝えた一切経の中には、『金剛頂経』系の経典群で最も古い金剛智《こんごうち》（六七一〜七四一）訳の『金剛頂瑜伽中略出念誦経《こんごうちょうゆがちゅうりゃくしゅつねんじゅきょう》』があり、天平八年（七三六）に書写された記録が残っている。しかし、必要とする不空訳の『金剛頂経』は日本ではまだ知られていなかった。

後述のように、空海が師の恵果和尚から伝授された密教は、『大日経』と『金剛頂経』を一具（セット）として絶対化したものであったが、インドやチベットでは、『金剛頂経』は、密教進化の面では『大日経』よりもワンランク上の瑜伽《ゆが》タントラとして重視されていた。

いくら情報の天才空海であっても、当時の日本ではインドの最新密教情報を入手できなかったはずであるが、奈良時代の仏教をリードした玄昉・実忠《じっちゆう》・鑑真《がんじん》・道鏡《どうきよう》などが信仰を持った千手《せんじゆ》・十一面・如意輪・不空羂索《ふくうけんじやく》などの変化《へんげ》観音にはまったく関心を示さず、『大日経』とそれを凌駕する新しい密教（広義の『金剛頂経』）を求めて入唐を企画・実行したのであろう。

だからこそ必ず長安の都を目指さなければならず、また受法に際して、事前にインドの言語である梵語《ぼんご》（サンスクリット語）を修得する必要があった。

彼にとっては、国際化・グローバル化は何の抵抗もなく、自然の息吹だったのである。

遣唐使への参加

おそらくかなり早い時期に高度な密教（金剛乗《こんごうじょう》）の存在を知り、東アジアでは唯一の本場（密教阿《あ》闍梨《じゃり》のいる都市）である長安入りを目指した空海は、政治的および宗教的にその手続きを可能にする方法を思案したであろう。

まず政治的には、八世紀から九世紀中頃までの日本では、外国の商船による私的渡航は不可能であった。どうしても公的渡航である遣唐使の船に便乗しなければならない。しかも空海は役人ではないので、残された手段は、大唐の都で二十年中国の制度・文化を学ぶ留学生《るがくしょう》か、同じく二十年仏教を研修する留学僧《るがくそう》でなければならない。前者は空海が大学を離れた時点で縁が切れており、後者の方法しか残されていない。別に短期留学の還学僧《げんがくそう》もあるが、これはある程度地位と実績のある者しか適用されない。歴史の皮肉か、それに選ばれて空海とともに一行に加わったのが、比叡山《ひえいざん》を開き、新しく天台宗を興した最澄《さいちょう》であった。

このように、入唐の可能性として残されたのは、留学僧という長期滞在型の資格のみであったが、これにも大きな障害が横たわっていた。それは、国によって指定された戒壇で得度・受戒し、さらに監督する官庁から公認の度牒《どちょう》を給付されねばならなかったことである。

それに対し、若き空海は、当時としては非常に恵まれた環境にありながら、ともかくまず実践的な仏教に入るということで正式な手続きは一切行なわず、意識的に山林修行者の群れに入った。修行仲間の大部分は空海と同じ私度僧《しどそう》であったと思われる。奈良朝後期の仏教は、南都の大寺を中心に学解《がくげ》仏教が盛んではあったが、新帝・桓武《かんむ》は寺院勢力を抑える必要もあり、公的に得度・受戒できる者は制限されていた。平安初期には年分度者《ねんぶんどしゃ》という僧資格を受ける者の割りあて制度もあり、年齢制限の問題もあって、正式の公度僧《こうどそう》になるにもかなりの年数を要していた。

そのような情勢の中、桓武天皇は、延暦二十年（八〇一）、しばらく途絶えていた遣唐使の実施を思い立った。その理由については諸説あるが、唐の政治的・文化的意義と位置はすでに低下していた。大使として藤原北家の藤原葛野麻呂《ふじわらのかどのまろ》を任命し、節刀（大使のしるし）を授けた。こうした政治的情報も、佐伯氏・大伴氏《おおともし》の有力氏族との関係を保ち続けた空海の耳に届いていたはずであるが、桓武天皇がとっていた厳しい宗教政策もあって、延暦二十一年（八〇二）正月までは得度することは不可能であり、私度僧の優婆塞《うばそく》として仏教の修学に勤めながら時機を待っていたのであろう。

出家入唐の官符

ところで、数ある空海の伝記の最初の史料に、

年三十一にして得度

と明記されている。これは既述のとおり、「卒伝」もしくは「崩伝」と称されるもので、空海滅後三十四年の貞観《じようがん》十一年（八六九）に撰進された『続日本後紀《しよくにほんこうき》』に記載されているものである。

ところが、空海の直弟子《じきでし》の一人の真済が撰したとされる『空海僧都伝』は、大僧正追贈の天安元年

（八五七）以前の記述に間違いはないものの、得度に関してはまったく言及せず、入滅の箇所で、

生年六十二、夏臘《げろう》四十一

と記すにとどめている。

夏臘とは得度して以後の僧としての法齢を指す言葉で、それに従うと、空海は二十一歳で得度したことになる。

別に、寛平《かんぴょう》七年（八九五）三月に京都東山の貞観寺座主《じょうがんじざす》が撰したという『贈大僧正空海和上伝記《ぞうだいそうじょうくうかいわじょうでんき》』と、延喜十八年（九一八）に撰された観賢《かんげん》の「請賜諡号表《しょうししごうひょう》」などでは、空海の得度を二十五歳とする。

これらのいずれも九世紀後半以後に撰述された諸史料に説かれる三種の得度説を、いかに理解すべきであろうか。結論を先に述べれば、歴史的には三十一歳得度説が正しく、あとの二説は、得度・受戒なしに仏教者として活躍した空海の「私度僧」としての存在を、弟子と孫弟子たちが認めたくなかったことから作られたものであろう。

空海三十一歳得度説を補強する史料として注目を集めているのが、延暦年間に公布された太政官符《だいじょうかんぷ》である。その平安末期とされる写本が、故中村直勝博士蒐集の古文書の中に見いだされたが、現在、奈良の大和文華館の所蔵となっている。この官符の写しに類するものは、江戸時代の『梅園奇賞《ばいえんきしょう》』にも収録されている。

高木紳元氏は、藤原敦光《ふじわらのあつみつ》（一〇六三〜一一四四）の『弘法大師行化記《こうぼうだいしぎょうけき》』や聖賢《しょうけん》の『高野大師御広伝《こうやだいしごこうでん》』などに引かれる別の官符を参照して、以下のように校訂した。


太政官　治部省に符す。

留学僧空海　俗名は讃岐国多度郡方田郷《さぬきのくにたどごおりかただごう》の戸主正六位上　佐伯直道長《さえきのあたいみちなが》の戸口《ごく》、同姓真魚《まお》。

右、延暦二十三年四月七日に出家入唐せり。省は宜《よろ》しく承知し、例に依って之を度すべし。符到らば奉行《ぶぎょう》せよ。

従五位下守左少弁藤原朝臣《あそん》貞嗣、左大史正六位上武生宿禰《すくね》真象
延暦二十四年九月十一日

転写によるものか、年紀の誤記・誤写については次に詳しく触れるとして、この官符をまったくの虚構でないとすれば、重要ないくつかの情報を含んでいることに驚く。

官符が示す空海の素顔

まず、空海という僧侶がはじめて登場したことだ。いまや常識として使われている「空海」だが、二十四歳の作とされる『聾瞽指帰』とのちの改訂の『三教指帰』は、一応フィクションであるが、作者名はない。従来、「空海」の初出は、大同元年（八〇六）の『請来目録』である。もしくはそれにやや先行する唐の貞元《ていげん》二十年（八〇四）の「福州の観察使《かんざつし》に与えて入京する啓《けい》」とされていたが、公式文書である太政官符の引用によって、僧名が空海であったことが確認された。

なお、「空海」と命名したのは、おそらく本人ではなかったかと思う。それを物語る史料はないが、求聞持法を行なう私度僧仲間で意見が出たのではないか。四国や南紀の雄大な大自然の中で主役を演じるのには、「空と海」というスケールの大きな僧名が似合っている。別に「空の海」という成句も密教教理的には可能だが、いささか理屈っぽく感じられる。

次に、この官符は俗名の真魚を記す貴重な史料でもある。真魚についても意外と文献資料が少ないが、僧空海に重点を置いた『大僧都空海伝《だいそうずくうかいでん》』や東寺の興隆と空海の神秘化を意図した『御遺告』類には見られない「真魚」が、決して虚構ではなかったことを示している。

この官符の写しの誤写については、すでに先学の言及があるが、最も重要なのは、公式の僧（公度僧）としての空海が承認されたこととその期日である。出家（得度）の期日に関しては、同官符の写しは、『梅園奇賞』収載のものも含めて、「延暦二十二年四月七日」とする。

ところが、醍醐寺の聖賢の『高野大師御広伝』に引く官符では、

右、延暦二十三年四月七日に出家入唐せり

とあり、これとは別に、先に挙げた九世紀末の作とされる貞観寺座主の『贈大僧正空海和上伝記』では、

延暦二十三年四月九日、東大寺戒壇院に具足戒《ぐそくかい》を受く。時に年三十一

とあり、いずれも一年あとの延暦二十三年（八〇四）を空海得度の年としている。

結論を述べると、先の官符の写しで、空海の出家と入唐を延暦二十二年とするのは、もし単純な誤写でないとすれば、『続日本後紀』の空海卒伝に説く「化去《けきょ》の時、年六十三」を逆算したか、あるいは遣唐使が最初に進発した延暦二十二年四月十六日に、空海も同じく乗船していたものと考えてのことであろう。

詳しい論証は高木氏ならびに武内孝善氏の新しい研究に譲るが、延暦二十二年に初発した遣唐使節が、船団の一部の難破により、翌年の同時期の再発となったことが空海の入唐に幸いした。中国に着岸したのち、福州の観察使に長安への入京を直訴した上表文に、

時に人の乏《とぼ》しきに逢って留学の末に篭《まじわ》れり

とあるのは、単なる謙遜ではなくて、前年（延暦二十二年）の遣唐使船の難破によって当該者の忌避により、欠員が生じたという事実に基づいたものであろう。

聖・俗に両足をかけたスタンス

実際のところ、空海は再出発することとなった遣唐使の一行に加わるために、直前の延暦二十三年の四月に東大寺の戒壇院で得度したのであろう。これまでも触れてきたごとく、一つの行動に対して準備と保証をともに念頭に置いてきた空海は、私度僧（厳密には優婆塞）として仏教の中に足を踏み入れても、その中間的立場を逆に生かして親族や俗世間とも完全に縁を切ったわけではなかったと推測される。近年では、同じ佐伯氏出身の実慧《じちえ》などは、すでにこの頃、得度したことが報告されている。

一介の寄る辺なき私度僧なら、年分度者の制度もあった厳しい制限の中、にわかに戒壇院で得度・受戒し、続けて入唐することは容易ではない。おそらく、出身の佐伯氏や親族の大伴氏などの推挙があったものと思われる。さらに想像をめぐらせば、まだ権勢を保持していた伊予親王からの強い働きかけがあったかもしれない。

情報型の人間の性格を備えていた空海は、超世間的な宗教情報のみならず、世間情報とその結果得られる人脈にも多大の関心を払っていた。確かに、得度は一応仏教の世界のことがらであるが、国家仏教の奈良・平安初期では俗世間の働きかけがなければ簡単には実現しない。

とにかく、空海は得度の情報収集と現実の人脈を生かして駆け込むように得度・受戒をすませて、慌ただしく入唐したのである。

第四章　入唐求法――宗教と文化の二情報

波乱の渡唐

延暦《えんりやく》二十三年（八〇四）七月、九州の肥前・田浦《たのうら》を出帆した遣唐使船団の中に、希望に胸をふくらませた空海《くうかい》の姿があった。先に触れたように、前年に難波津《なにわのつ》を出た延暦の遣唐使節は、人員体制を立て直し、大使・藤原葛野麻呂《ふじわらのかどのまろ》は第一船に、副使・石川道益《いしかわのみちます》は第二船に分乗して中国を目指した。当時の日本の造船技術と航海術は、前年の瀬戸内海での遭難を見てもわかるように、必ずしも信頼を置けるものではなく、結果的には運を天に任せ、ひたすら神仏の加護を祈るほかはなかった。

空海は大使の乗船した第一船に乗り、他方、前年すでに九州まで到着していた最澄《さいちょう》は第二船に乗って本隊に合流した。しかし、すでに新興の天台宗を開き、桓武《かんむ》天皇から厚い信頼を得ていた最澄は、短期留学でしかも通訳つきの還学僧《げんがくそう》であったのに対し、いずれかの推挙があって駆け込みでメンバーに加わった空海は、二十年の勉学を義務づけられた留学僧《るがくそう》であった。両者の立場と背景から考慮して、二人の間ではほとんど交流はなかったであろう。

はたして、七月六日に田浦を出帆した遣唐使船団は、その翌日の夜には、強い南風にあおられて、四隻のうち第三と第四の両船が消息を絶っている。そのうち、判官の三棟今嗣《みむねのいまつぐ》らが乗った第三船は遠く琉球に漂着したことがのちに知れたが、第四船は消息を欠いたままであった。

もっとも、近年の研究では、唐の元和元年（八〇六）、高階遠成《たかしなのとおなり》の一行が突然長安を訪れ、幸いにも空海帰国のきっかけとなった船を第四船の展開と見る主張も提起されている。

また、最澄の乗った第二船も荒波に翻弄され、三十日ほど漂流したが、幸い第一船に先立って明州（現在の浙江省《せっこうしょう》）に漂着した。ただ、不運にも副使の石川道益は、上陸後、病を得て四十三歳で明州において没している。

福州への着岸

空海の乗った首船の第一船も、葛野麻呂の報告（『日本後紀《にほんこうき》』延暦二十四年六月乙巳条《きのとみのじょう》）によれば、三十四日の漂流ののち、遠く福州（現在の福建省）の長渓県赤岸鎮《ちょうけいけんせきがんちん》の南の河口に着岸した。他の三船よりも相当南方に流されたことになる。

通常の遣唐使のコースからはまったく離れており、現地の役人も最初は海賊と思ったりしたようで、さぞ当惑したことであろう。鎮将《ちんしょう》（町長）や県令《けんれい》（市長）クラスの役人の相迎《そうごう》は受けたが、あいにく福州刺史《しし》（知事）の柳冕《りゅうびん》は病気で辞任したあとで、後任の刺史の閻済美《えんさいび》はまだ福州に着任していなかった。

そのため、漂着した船は封鎖され、一行は砂地の上に十三棟の仮屋を作って住まわされたという。

かかる非礼な処遇は、大使一行が天皇の国書を携《たずさ》えず、国信物（朝貢品）に印書がなかったことへの疑惑と不審からであったと思われる。

そこで、同船に乗っていた空海がのちに大使に代わって福州の観察使《かんざつし》に与えた書状が、例の『性霊集《せいれいしゅう》』の第五巻に収録されている（「大使福州の観察使に与うるがための書」）。

伏して惟《おもんみ》れば、大唐の聖朝、霜露の均《ひと》しうする攸《ところ》、皇王よろしく宅《いえ》とすべし。明王あとを継《つ》ぎ、聖帝重ねて興《おこ》る。九野（天）を掩頓《えんとん》し、八紘《はっこう》（地）を牢籠《ろうろう》す。これをもって、わが日本国、つねに風雨の和順なるを見て、定んで知んぬ、中国に聖いますことを。

（中略）

このゆえに、わが国淳撲《じゅんぼく》（人情あつく、素朴なこと）より已降《このかた》、常に好隣を事とす。献ずるところの信物、印書を用いず、遣《つかい》するところの使人、奸偽《かんぎ》あることなし。

（中略）

風に順《したが》う人は甘心して逼湊《ひっそう》し、腥《なまぐさ》きを逐《お》う蟻《あり》は、意に悦《よろこ》んで駢羅《へんら》たらん。

今、常習の小願に任《た》えず。奉啓不宣。謹んで言《もう》す

長文なので必要な箇所のみ抜粋したが、もちろん原文は漢文である。ちなみに、空海の著作はすべて漢文であり、平仮名《ひらがな》はもちろん、仮名交じり文もない。後世、「いろは歌」が弘法大師《こうぼうだいし》空海の作とされたが、これも偉人・聖人に文化的貢献が集中する現象の一種である。

内容は、前半で多くの文章を費やして、中国・大唐帝国の偉業を賞讃する。美辞麗句や対句を多用して文章の格調を高めるのが名文とされる。阿刀大足《あとのおおたり》や大学の講師たちから学んだ漢学や漢文学を決してむだにはならなかったようだ。

中段の部分は、国信物や印璽《いんじ》を携行しなかった弁明である。この点でも言葉を飾って婉曲的に理由を説明している。

最後の箇所は、もう一度大唐の威光をたたえるとともに、事情がわかったなら、ほかの遣唐使と同様の扱い（常習）を御願いしたいことを請《こ》うている。二十四歳で四六騈儷体《しろくべんれいたい》の綺句《きく》（飾り言葉）をちりばめた『聾瞽指帰《ろうこしいき》』を著わしている空海にとっては、本場中国とはいえ、すでに多量の語学情報・漢文情報を入手し、しかも自分のものとして実践可能な状態にあったことは疑いない。

それゆえ、司馬遼太郎氏の『空海の風景』のように、無名の空海がその卓越した能力をひたすら隠し続け、最も効果的な場でそれを発揮したとするよりも、私は彼が遣唐使節一行に追補されたときには、その地縁・血縁とともに、学力、とくに語学力の卓越性も一部のものには知られていたのではないかと推測している。

だからこそ、大使の第一船に同乗したのみならず、長安では大使の通訳の役割まで果たしている。なお、空海はすでに奈良にいた頃に、何らかの方法で中国語の会話まで修得していた可能性が強い。帰国後、交遊を持った鑑真《がんじん》の弟子・如宝《にょほう》（?～八一五）などがその候補にあげられる。書のほうでとくに名声を残した空海だが、筆談だけでは長安の名士・高僧とつき合うことは困難だったはずである。遅れを取り戻すため、福州からの遠路を昼夜兼行で進んだ藤原大使や空海一行は、その年も暮れに近い十二月二十一日に長安の東の要衝・長楽駅に到着した。今回は連絡が届いていたため、唐の朝廷の内使（宦官《かんがん》か）の趙忠《ちようちゆう》が官馬を連ねて出迎え、慰労した。大使らは、官馬二十三頭にそれぞれが駕して長安城に入った。

すばらしい文化環境

無事長安に到着した大使や空海の一行には、国内の物品を主に扱う東市（東の大市場）に近い宣陽《せんよう》坊《ぼう》の公館が宿舎として与えられた。そこには先に到着していた第二船の判官・菅原清公《すがわらのきよきみ》を代表とする一行が十一月下旬に到着しており、お互いに無事を喜び合ったことだろう。

遣唐使の公式業務として、藤原大使は、監使《かんし》の劉昴《りゆうぼう》を通して上貢献納の品々を時の徳宗《とくそう》皇帝に献上した。

それに対して、すでに病が重篤だった徳宗皇帝の出座はなかったが、大使らに官賞が贈与され、内裏では宴が催された。大使には「賀能《かのう》」という唐名が与えられている。赤岸鎮に漂着した際には大変苦労した一行ではあったが、長安では正規の扱いを受けたようである。空海の関与がどの程度あったか資料不足であるが、翌年の二月初旬に藤原大使のために隣国の渤海国《ぼつかいこく》の王子への書状を草していることを考えると、空海は大使の秘書兼通訳の役割を果たしていた可能性が高い。

空海が入唐《にっとう》した九世紀初頭の中国・長安は、三百年続いた大唐帝国の都という意味のみならず、世界の文化の中心地であったことはあまねく知られている。歴史的には、八世紀中葉の玄宗《げんそう》皇帝の世にいう開元《かいげん》の治《ち》からはすでに半世紀を経て、節度使の安禄山《あんろくざん》などが起こした安史《あんし》の乱の混乱などもあり、次第に下り坂になりつつあり、また外交的には新興の吐蕃《とばん》（古代チベット王国）の若干の脅威もあったが、それでもシルクロードの交流もまだ活発に行なわれていた。文化の都・長安は、多少は衰えたとはいえ、空海のパラダイス（極楽）でもあったのである。

長安文化の息吹

年が明けた唐の貞元《ていげん》二十一年（八〇五）の元旦、慣例に従って大使らは宮中の大明宮《だいめいぐう》において朝賀の儀（新年の儀式）に参列した。ところが、在位二十六年に及び、しかも病を得ていた徳宗は容態が急変し、その月の二十三日に崩御した。一説には宦官に毒を盛られたともいう。同月二十八日、太子の順宗《じゅんそう》が即位したが、儒教の国・中国では服喪の間は政務は中断された。

服喪そのものは、規定により三日間であったが、帰国の許可を待って大使一行が官宅にとどまっている間、空海も宣陽坊の官宅に滞在していたようだ。宣陽坊は、左街《さがい》の中央、ちょうど東市の西に位置する殷賑《いんしん》をきわめた大坊で、少し西には大薦福寺《だいせんぶくじ》の小雁塔《しょうがんとう》を、はるか南には玄奘三蔵《げんじょうさんぞう》で有名な大《だい》慈恩寺《じおんじ》の大雁塔を望む絶好の位置にあった。アジアの文化の中心地・長安でも、とくに仏教文化の中枢的位置にあったことにより、空海も得意とする異文化情報の収集に取りかかったことだろう。

二月、藤原大使の一行に待望の帰国許可が下りた。正味二カ月足らずの長安逗留であったが、宗教情報の獲得という特別の大望のあった空海の場合とは異なり、通常の外交使節としてはそれで十分である。同月十一日に大使一行は長安の都をあとにしたが、諸般の補佐を通して、空海と大使・藤原葛野麻呂の間は急速に親密化したものと思われる。人間関係を性格的に重視する空海は、帰国後も葛野麻呂の親族や当人の法事を勤めているが、このときも帰る大使に玄宗皇帝の製した「一行《いちぎよう》阿闍梨《あじやり》碑《ひ》文《ぶん》」を託している。

碑文の持つ二つの意味

この小さな事実は、二つの重要な意味を含んでいる。第一には、長安に到着してからまだ二カ月もたたないのに、空海は文化情報の収集に効果を上げていることである。

高木訷元氏も強調するように、のちの空海の密教受法集中を考慮すると、長安到着後の数カ月に文筆や書跡（書法）を中心とする文化情報を集めたと思われる。漢籍の知識と書跡の自信は、大学での研鑽や『聾瞽指帰』の執筆と自筆によってすでに確立されていた。

さらに加えて、空海は、「耳目の経《ふ》るところ、未だ嘗《かつ》て究めずんばあるべからず」といわれる好奇心旺盛な性格によって、入唐の根本目的である新しい宗教情報の収集のみならず、文筆や書跡の蒐集に努力した。

とくに書に関しては、後世嵯峨《さが》天皇・橘逸勢《たちばなのはやなり》とともに三筆と称せられたように、空海の得意とするところであり、帰国直後、新帝の嵯峨天皇の歓心を買った徳宗皇帝の御筆、欧陽詢《おうようじゅん》の真跡などの獲得もこの時期かと推測される。

空海自身、嵯峨天皇に上表した「劉廷芝《りゅうていし》が集を書して奉献する状」に、

余（空海）、海西（中国）にして、すこぶる骨法（筆道、書法）をならいき

とあるように、書法については大きな関心を示していた。

空海の万能の天才性は、後世の弘法大師神話の直接の要因となったが、書と漢文の博識も、この時期に積極的に得られたものであろう。

空海の入唐後、最初の情報発信である「一行阿闍梨碑文」の藤原大使への寄託は、その内容が重要な意味を持つというのが第二のポイントである。空海がこのような早い時期に、しかも一行禅師の功績を記した碑文（拓本）を日本国に送ったのは決して偶然ではない。それは、先に触れた入唐の動機とも関連するが、一行禅師の碑文（碑銘）は、単に唐朝皇帝の玄宗の御製《ぎょせい》（自撰）の域にとどまるものではなく、『大日経《だいにちきょう》』を訳出した善無畏三蔵《ぜんむいさんぞう》を補佐し、かつよりレベルの高い『金剛頂経《こんごうちょうきょう》』系の密教を最初に中国へ伝えた金剛智三蔵《こんごうちさんぞう》にも師事した一行その人を特化していることである。ただ、日本ではこの書について言及はない。

この碑銘は、残念ながら現存しないが、空海の撰（疑う説もある）とされる『真言付法伝』（『略付法伝』）中に引用されている。そこから注意すべき箇所を引用すると、次のごとくである。

（一行禅師は）また金剛智三蔵のみもとにおいて、陀羅尼秘印《だらにひいん》を学び、前仏の壇に登って、法王（大日如来か）の宝を受く。

また（善）無畏三蔵のみもとにおいて、『盧遮那仏経《るしゃなぶっきょう》』（『大日経』）を訳し、後仏の国（日本）を開いて大慈の願を満たす

空海が長安で得た密教について、とくにその情報取得に対して彼がアクセスした方法については次項で詳しく紹介したいが、長安到着二カ月後に、金剛智と善無畏の二大阿闍梨とそれらの密教のことを空海がすでに知悉《ちしつ》していたことは、それ以前に密教の多様性（少なくとも『大日経』と『金剛頂経』の二様の密教）に関心を持っていたことを示すのみならず、以後の中国密教の勉学に対しても何らかの方針を準備していたと考えることができる。

仏教情報のアクセス

唐の貞元二十一年（八〇五）、遣唐大使の藤原葛野麻呂一行が長安を離れた同日、『請来目録《しょうらいもくろく》』の言葉によれば、空海はただちに宣陽坊の官邸を離れ、西明寺《さいみょうじ》に居を移した。

西明寺は、長安城中央の朱雀大路《すざくおおじ》をはさんで反対側の右街《うがい》の西市（西の大市場）に近い延康坊《えんこうぼう》にあり、太宗の頃の創建である。有名な玄奘三蔵も関与したといわれ、南山律《なんざんりつ》の巨匠の道宣《どうせん》（五九六～六六七）をはじめ、数多くの名僧・学僧を輩出した名刹である。長安の人々には牡丹《ぼたん》の名所としても知られていたが、わが国では留学僧の止宿する寺と伝聞されていたようで、養老年間に帰朝した道慈《どうじ》は、

善無畏三蔵から求聞持法《ぐもんじほう》の経軌《きょうき》を授かるとともに、西明寺の指し図（見取り図）を持ち帰り、それに基づいて南都に大安寺《だいあんじ》を建立したといわれている。

この西明寺には、空海と入れ替わりに遣唐使一行と帰朝した永忠《えいちゅう》（七四三〜八一六）という三論宗の僧がいた。永忠は、宝亀八年（七七七）に入唐留学し、三十年近く中国の諸仏教を修学し、帰国後は桓武天皇によって新たに建立された近江の梵釈寺《ぼんしゃくじ》の寺主に任ぜられている。

空海自身が「永忠和尚の故院（もと住んでいた部屋）に留住」と言うように、両者は前住者と後住者であったが、その間に必要な情報の伝達があったことは疑いない。大使らと居住していた官邸のある宣陽坊と西明寺のある延康坊は比較的近く、そして何よりも両者は空海が帰国後も交際を続けていたからである。現代のようなＩＴ機器の存在しない時代には、情報は書物・文書などの文字情報（絵画・仏像などの美術情報を含む）か、もしくは人間の交流を通しての言語情報として入手される。前者の範疇のみならず、後者の人間を通しての言語情報を空海がいかに重視したかは、求聞持法の受法、藤原葛野麻呂との長い交友などに関してすでに強調してきたごとくである。

西明寺にかかわる最大の良縁は、むしろ学僧・円照《えんしょう》（？〜八〇六以後）との直接（もしくは間接）の出会いである。唐代後期の四分律《しぶんりつ》（律の代表的一派）の大家として、枝末分派の統合に尽力し、また訳経と経録の編纂に多くの成果を上げた円照は、貞元年間（徳宗の時代）の西明寺を代表する学僧であった。

円照の残した情報

彼の編纂・著述した著作は膨大な数に達するが、中でも次のものは空海に決定的な影響を与えた。

(1) 贈司空大弁正広智不空三蔵碑表集《ぞうしくうだいべんしょうこうちふくうさんぞうひひょうしゅう》（『不空表制集《ふくうひょうせいしゅう》』）
(2) 般若三蔵続古今翻訳経図記《はんにゃさんぞうぞくここんほんやくきょうずき》
(3) 大唐貞元続開元釈教録《だいとうていげんぞくかいげんしゃくきょうろく》（『続開元録』）
(4) 貞元新定釈教目録《ていげんしんていしゃくきょうもくろく》（『貞元録』）
(5) 大乗理趣六波羅蜜多経音義《だいじょうりしゅろくはらみったきょうおんぎ》

まず(1)は、空海の密教の師（阿闍梨）である恵果和尚《けいかわじょう》の師（空海にとっては祖父師）である不空三蔵《ふくうさんぞう》の文章を、書誌学者兼歴史家であった円照僧正が集めたものである。中国密教の大成者である不空の思想と行動を知る最良の史料であり、空海が日本へ持ち帰ったのち、比叡山《ひえいざん》の最澄もすぐに閲覧を求めたほどであった。

(2)は、空海の密教入門の第一段階となるインド僧の般若三蔵《はんにゃさんぞう》の翻訳の状況を記したものである。空海はこのあとすぐに般若から梵語《ぼんご》（サンスクリット語）やインドの仏教事情を学ぶことになるが、般若を紹介したのは円照だった可能性が高い。

なお、(5)は般若が翻訳し、円照自身が筆受を務めた『六波羅蜜経』に出る梵語の発音と意味を釈したものである。その頃、西明寺には一種の梵漢字典『一切経音義《いっさいきょうおんぎ》』を著わした有名な慧琳《えりん》がおり、その影響かもしれない。

(3)と(4)は、いわゆる経録（経典目録）であるが、単なる目録だけではなく、翻訳僧の伝記も収録する。奈良時代の天平七年（七三五）、吉備真備《きびのまきび》とともに帰朝した玄昉《げんぼう》が伝えた『開元釈教録《かいげんしやくきようろく》』（開元録）では、本格的密教僧は、善無畏三蔵と金剛智三蔵の二人しか伝えられなかったが、この二つの経録には、空海の密教の七〇パーセントを超える情報が収められていたのである。

円照律師に関する詳細は拙稿（「西明寺の僧円照」、『密教学』一六・一七号）に詳しいが、般若三蔵とは長く接しながら、律僧と高齢という制限から密教の実践の世界にはついに入らなかった。

晩年の大学僧・円照が、東海（日本）の求法僧の空海と直接面談したかどうかは、それを語る史料がないが、没年を元和四年（八〇九）とすれば可能性はある。

ともあれ、たとえ人間を通した直接の言語情報ではなかったとしても、円照の残した文字・文献情報は、空海の密教形成の土台的役割を果たしたことは特筆しておきたい。

最初の師・般若三蔵

空海が自らもたらした密教を語るとき、必ず二人の師の名前を語る。たとえば公式の進官目録（帰朝目録）の上表文では、

ここにすなわち諸寺に周遊して、師依《しえ》（よりどころとなる師）を訪《とぶら》い択《えら》ぶに、幸いに青龍寺《せいりゆうじ》の灌《かん》頂《じよう》阿闍梨、法の号《いみな》、恵果和尚に遇《お》うて、もって師主となす

と掲げ、以下、大部分を恵果との出会いにあてるが、「梵夾三口《ぼんきようさんく》」（梵語の写本テキスト三点）の箇所だけは、次のように述べる。

右、般若三蔵告げてのたまわく、「わが生縁《しようえん》は罽賓《けいひん》国（カピシ国）なり。

（中略）

今、桴《いかだ》に乗らんと欲するに、東海に縁なくして志願（望み）遂《と》げず。わが所訳の新華厳・六波羅蜜経およびこの梵夾もち去って供養せよ。伏して願わくば、縁をかの国に結んで元元《げんげん》（人民）を抜済《ばつさい》（救済）せん」と

文そのものは比較的短いが、罽賓国（現在のアフガニスタンの東部）出身のインド僧の般若三蔵が空海に梵語で書かれたテキストや漢語に翻訳された経典を与え、それが重要な意味を持つことを強調している。

これに先立つ数カ月前、高階遠成らの使節が思わぬ来朝をしたことによって、にわかに帰国を決意した空海が上表した「本国の使と共に帰らんと請う啓《けい》」（『性霊集』第五巻）では、草履《そうり》を著《は》いて城中を歴《ふ》るに、幸いに中天竺国《ちゆうてんじくこく》の般若三蔵、及び内供奉《ないぐぶ》（宮中護持僧）の恵果大阿闍梨に遇いたてまつって膝歩接足《しつぽせつそく》（弟子の礼）して、かの甘露《かんろ》（最高の教え）を仰《あお》ぐ

と述べて、むしろ外国僧の般若三蔵を先に掲げている。

後述のように、般若が空海に示した四恩《しおん》（父母・衆生《しゆじよう》・国王・三宝《さんぼう》の恩関係）などの護国思想は、恵

果から伝授された両部密教、両部曼荼羅《まんだら》の思想とともに空海の真言教学の骨格を形成するが、この般若との出会いは、やはり情報家・空海のよく致すところといっても過言ではない。

般若三蔵という男

般若三蔵の生涯とその翻訳した経典の内容と意義に関しては、拙著『中国密教の研究』（大東出版社、一九七九年）に詳しい。般若は、『宋高僧伝』では広義の北西インドの出身とされているが、母方の親族にイラン系の名前も見られるので、混血系の西域人《さいいきじん》であったかもしれない。

八世紀のインド仏教を学んだ者の一般的な傾向として、『倶舎論《くしゃろん》』や『大毘婆沙論《だいびばしゃろん》』などの説一切有部《せついっさいうぶ》の教学をはじめとして、ナーランダー僧院では、中観《ちゅうがん》・唯識《ゆいしき》の大乗仏教教学を学び、また南インドでは密教の教えも受けていたという。般若三蔵は、『宋高僧伝』などの伝記によると、建中二年（七八一）には、南海経由で中国の広州（現在の広東）に至っている。数年後、都において母方の親戚の神策軍正将の羅好心《らこうしん》なる者と会っている。彼の上表文の中に、

臣家、西蕃（西域の蕃族）より中国に居るを得たり

とあることから、中央アジア系の西域人の血統を受けていたことは疑いない。

般若は、羅好心という徳宗直結の近衛軍の将軍の支援もあり、唐朝の最後となる国営の訳場を開き、数点の重要な経典を訳出した。空海も、本命の不空訳密教経典群についで般若訳経典を請来《しょうらい》しているので、『請来目録』の該当箇所を提示しておこう。

新訳華厳経《しんやくけごんぎょう》　一部　四十巻
大乗理趣六波羅蜜経《だいじょうりしゅろくはらみつきょう》　一部　十巻
守護国界主陀羅尼経《しゅごこっかいしゅだらにきょう》　一部　十巻
造塔延命功徳経《ぞうとうえんめいくどくきょう》　一巻

右四部六十一巻　般若三蔵訳

これらのいわゆる般若訳出経典は、いずれも狭義の密教経典ではない。むしろインド伝来の大乗経典をベースにして、般若三蔵とその訳場の僧たちが協力し合って密教的要素と護国主義的要素を意識的に挿入したものである。そのとき、すでに入滅していたとはいえ、八世紀の中国密教に多大な影響を与えた不空三蔵の実践した「密教化」と「護国仏教化」がキーワードとなっていると考えられる。

空海と般若

さて、般若と空海の接点であるが、空海の居住する西明寺から遠からぬ醴泉坊《れいせんぼう》の醴泉寺に般若が住んでいたことから、接触は早く、少なくとも恵果を訪ねる前であったことは疑いない。

正確な月日は記さないが、密教の師資相承《ししそうじょう》（師弟のつながり）を論じた『秘密曼荼羅教付法伝』（『広付法伝』）に、

貧道《ひんどう》（空海の自称）、大唐の貞元二十一年（八〇五）、長安の醴泉寺において、般若三蔵および牟《む》尼室利三蔵《にしりさんぞう》、南天（南インド）の婆羅門《ばらもん》（ヒンドゥー教の僧）等の説を聞くに、この龍智《りゅうち》阿闍梨は、

今げんに南天竺国に在って秘密の法等を伝授すと云々《うんぬん》

とあるように、般若が空海に教えたことは、第一にインドそのものの情報であり、梵語のテキストを三本も与えたことにより、言語・文字としても教授したのであろう。実際、空海はほかにも多くの梵本《ぼんぽん》を持ち帰っただけでなく、東寺に伝わる真言祖師図《そしず》（国宝）にその書き込み梵字《ぼんじ》が残っている。実践体験を必要とする密教では、読めるだけでなく、書けることが求められたのである。

また醴泉寺には、ほかにも般若と『守護国界主陀羅尼経』を共に訳出した牟尼室利三蔵とヒンドゥー教のバラモン僧がいた。さすが国際都市・長安であり、空海も異国の宗教の新鮮な情報を得ることができた。自家薬籠中のものにするのが得意な空海は、のちに十住心《じゅうじゅうしん》の思想体系において、第三の嬰童無畏心《ようどうむいしん》をヒンドゥー教の生天《しょうてん》思想（死後、天国に生まれる）にあてている。

第二の影響は、むしろ政治的であるが、不空三蔵の密教による鎮護国家説を少し改変して、国王の厚意と協力によって仏教が国家を守るという二次的護国思想を空海に説いたことである。常識的にいえば、宗教上位の国・インドと、政治上位の国・中国の関係を論じていることになるが、逆に異国人だからこそ中国で仏教を布教することの困難さを感じ取ったのであろう。

空海の思想の章で改めて述べるが、中国人の密教阿闍梨であった恵果和尚は、金胎両部《こんたいりょうぶ》の密教とそのマンダラ、さらには各尊の修法《しゅほう》を伝えたが、時間的余裕もなくて、国家との関係はまったく伝えなかった。むしろ、般若がのちに『大乗本生心地観経《だいじょうほんしょうしんじかんぎょう》』（『心地観経』）の中で体系化した四恩のほうが、般若訳の諸経典を通して日本仏教にインパクトを与えたのである。

このほか、南天竺、つまり南インドの神秘性、とりわけ『金剛頂経《こんごうちょうきょう》』の成立とも関連を持つ「南《なん》天《てん》の鉄塔《てっとう》」も般若三蔵が情報を与えた可能性がある。要するに、般若三蔵は純粋な意味での密教者ではなかったかもしれないが、その二次的情報が意外と種々な点で空海の密教の一部を形成していったのである。

なお、仏教、とくに密教の中国定着に生涯をかけた般若は、空間と邂逅したときはすでに七十歳を越えた高齢であったようだ。空海の帰国後、まだ残っていた日本僧の霊仙三蔵《りょうせんさんぞう》と『心地観経』の訳出をするなど最後まで情熱を持ち続けたが、恵果と同様、空海との出会いを喜び、しかも空海によってその存在が改めてクローズアップされたのである。

第五章　密教受法――遍照金剛の誕生

長期低落の時代

当時の中国の密教状況は、まだ、会昌《かいしょう》二年（八四二）から数年続く武宗《ぶそう》の破仏《はぶつ》、世にいう会昌の法難《ほうなん》以前ではあるが、歴史的な流れでいえば、不空三蔵《ふくうさんぞう》が活躍した大暦《だいれき》年間（七六六〜七七九）をピークとすると、ひと言でいって長期低落の時代であったといえよう。

玄宗《げんそう》皇帝の開元年間に善無畏《ぜんむい》と金剛智《こんごうち》というインドの密教僧によって請来《しょうらい》された『大日経《だいにちきょう》』と『金《こん》剛頂経《ごうちょうきょう》』をベースとする新密教（瑜伽教《ゆがきょう》）、それぞれの弟子である一行禅師《いちぎょうぜんじ》と不空三蔵の努力によってある程度の教義化がなされた。かつ文殊菩薩《もんじゅぼさつ》像の食堂《じきどう》安置や山西省の霊山・五台山《ごだいさん》の密教化など現実的制度化がはじまったにもかかわらず、一行の夭折《ようせつ》（若死に）と不空の遷化《せんげ》（高僧が死ぬこと）という人材の喪失によって、密教はいわゆる宗派という制度的装置を完成しない間に、歴史の荒波の中に放り出されたのである。

したがって、不空の事実上の後継者であった崇福寺の恵朗《けいろう》をはじめ多くの密教僧は、宮中の内道場を祈禱《きとう》の場とする供奉僧《ぐぶそう》として精いっぱいの努力はしたであろうが、政治体制のバックボーンである儒教や、呪術面で競合する点の多い先輩格でしかも中国固有の思想と実践を備えた道教を凌駕したうえで、密教が制度的に生き残るには過酷な状況にあったといわざるを得ない。

そのような下り坂の時代に、ほかの文化圏から密教を求めて長安にやってきた空海《くうかい》は、思い切っていうならば、逆の意味で幸福であったかもしれない。

恵果の情報

情報、とくに自らが求める宗教情報に鋭いアンテナを張りめぐらしている空海が、円照律師《えんしようりつし》や般《はん》若三蔵《にやさんぞう》というレベルの高い情報源から、中国密教の最高権威者として青龍寺《せいりゆうじ》の恵果和尚《けいかわじよう》のことを聞いていないはずはない。それよりも一歩進んで、恵果自身の老齢化と病弱、さらには付法《ふほう》（伝法《でんぼう》）の弟子が人材不足であることも耳に入っていたきらいもある。

独特の情緒的文章でいまもファンの多い作家・司馬遼太郎氏は、空海の生涯を歴史小説として描いた『空海の風景』を世に問うた。そのロマンあふれる文体は多くの人々を魅了した。その中で司馬氏は、空海の人間性の中に、自分を高く売り込むための一種の駆け引きを読み取ろうとする。

恵果との出会いについていえば、老齢と病弱の恵果をすぐに訪問して授法を願うのではなく、先方が来訪を待つ中で次第に気弱になったほうが、本来は難入（容易に入りにくい）の密教の授法を簡単に引き受けてくれるのではないかという発想である。

空海が先読みできるタイプであり、かつ多少の情報操作も射程に入れうる人間であることは私も否定しない。けれども、恵果との出会いと密教の受法については別なふうに考えたい。

空海の大目的であった瑜伽密教の修習という宗教計画では、基本言語となる梵語《ぼんご》・梵字《ぼんじ》の修得が不可欠であった。すでに日本で求聞持法《ぐもんじほう》を修行していた空海には自明のことであり、長安の西明寺《さいみょうじ》で、老僧の円照や部屋の先住者である永忠《えいちゅう》から中国密教の現状と孤高の伝法阿闍梨《あじゃり》・恵果に関する情報をすでに入手していたとしても、直ちに出向いて弟子入りできないのは、密教的立場からは決して不思議なことではない。むしろ弟子として受法できる必要条件を満たすことが急務であり、その中心が実際に口で唱える真言や陀羅尼《だらに》を理解し、実践するうえで不可欠な梵語と梵字の修得であった。空海は、幸いに自坊の西明寺に近い醴泉寺《れいせんじ》の般若三蔵という最良の師に恵まれ、インド僧から直接密教の根本となる神秘の世界を伝達され、象徴する言語と文字を恵果に会う前に自らのものとできたことはまことに幸いであった。

青龍寺訪問

空海のはじめての恵果訪問を、彼の言葉から復元してみよう。帰朝後、間もなく朝廷に提出した『請来目録《しょうらいもくろく》』では、

ここにおいて城中を歴《へ》て、名徳（すぐれた僧侶）を訪《とぶら》うに、偶然にして青龍寺東塔院の和尚、法の諱《いみな》は恵果阿闍梨に遭《あ》い奉る。その大徳は、すなわち大興善寺の大広智三蔵《だいこうちさんぞう》（不空）の付法の弟子なり。

（中略）

空海、西明寺の志明《しみよう》・談勝《だんしよう》法師等五、六人と同じく往《ゆ》いて和尚に見《まみ》ゆ。和尚たちまちに見て笑を含み、喜歓して告げていわく、「われ先に汝が来たることを知りて相い待つこと久し。今日相い見ゆること太《はなは》だ好し、太だ好し。報命《ほうみよう》つきなんと欲すれども、付法に人なし。必ず須《すべか》らく速かに香花《こうげ》を弁じて灌頂壇《かんじようだん》に入るべし」と

空海は、冒頭に「偶然にして」という語を使うが、この言葉はのちに灌頂壇の敷《しき》マンダラの上に投げた花が中央の大日如来《だいにちによらい》の上に落ちた際にも使われており、単なる「たまたま」という意味よりも、「不思議なことに」というニュアンスが強い。

私は、やはり空海特有のレトリック（修辞法）であり、空海は決して長安の各寺院を順に歴訪したのではないと考える。なぜならば、当時の長安では、密教だけでなく、法相《ほつそう》、華厳《けごん》、浄土、禅までを含む多様な仏教と多くの高僧が活躍していたのに、空海は密教以外のいかなる仏教にも、また僧侶にも言及しない。のちに晩年、『秘密曼荼羅十住心論《ひみつまんだらじゆうじゆうしんろん》』を著わし、ほかの仏教との思想比較、すなわち教相判釈《きようそうはんじやく》（教相とは説かれている教えのこと。判釈とは判別し解釈すること）を行なうが、そこでも長安ですでに存在していたはずの浄土と禅についてはまったく語らない。

やはり空海は、密教、中でも体系化された『大日経』や『金剛頂経』という中期密教に目標を定めており、梵語・梵字などの知識をつけたうえで同じ西明寺の志明・談勝等の付き添いを誘ってアプロ

ーチしたのであろう。そういう意味では、神秘主義的傾向の強い密教を授かるための基礎的条件をクリアーする用意周到さは空海の才能の一つである。

師・恵果との出会い

そして、次に付法（伝法）の第二段階に入る。密教の教えとその深奥なる内実を師から弟子に伝えるには、司馬氏のいうような世間的な駆け引きはまったく通用しない。確かに恵果和尚も、西明寺や醴泉寺の僧から、日本僧が密教を求めて長安にやってきたことを側聞《そくぶん》していたであろう。それが前出の「われ先に汝が来たることを知りて相い待つこと久し」という偽らざる心情である。そこには、待たされたことを恨《うら》む気持ちなどは微塵もない。師と弟子の出会いは、たとえ情報が仲介したものであっても、実現はまさにほとけ（仏）の加護による密教的・運命的な出会いといえる。

「報命つきなんと欲すれども、付法に人なし」は、いく分の誇張はあるにしても、下り坂の中国密教の実情を示している。恵果和尚の伝記には、最後の弟子となった空海が、師の寂《じやく》後に代表として撰した『大唐神都青龍寺、故三朝《もとのさんちよう》の国師、灌頂《かんじよう》の阿闍梨恵果和尚の碑』（『碑銘』）をはじめとして三本伝わっているが、いずれも恵果の誠実で温厚な人柄を強調している。

十代の後半から中国密教の巨匠・不空三蔵に師事し、多くの弟子たちの中では若年のまじめな青年僧として、主に修法《しゆほう》や学習に励んだごとくである。実に師の不空よりも四十一歳も年少であったので、逆に不空在世の頃は、五台山金閣寺の含光《がんこう》や長安・崇福寺の恵朗、新羅《しらぎ》の慧超《えちよう》などの高弟たちの陰に隠れていた。

しかし、師が入寂《にゆうじやく》する大暦九年（七七四）頃から、はじめて恵果の名前が「大興善寺持誦僧を請《こ》う表」などに登場するようになり、二十九歳となった恵果の人柄と才能が評価されはじめたといえる。

恵果の密教相承に関しては、後に改めて触れたいが、師の没後からはその志を継いで密教宣布の活動を積極的に促進した。大暦十年（七七五）には、長安城の東南の新昌坊にあった青龍寺に東塔院を賜わり、毘盧遮那《びるしやな》（大日）灌頂道場を開いた。恵果こそは、金胎両部《こんたいりようぶ》の大日如来法を双修した最初の人であり、その加持の威力が世に知られ、代《だい》・徳《とく》・順《じゆん》の三帝の尊崇を受け、世に「三朝の国師」と称されたという。

このように、師の不空三蔵と年齢が離れていたことが逆に幸いして、年長の兄弟子たちが次々と世を去る中、むしろ密教の孤塁を守る形となっていったのである。近年の考古学的研究によって、長安の大安国寺やほど近い扶風《ふふう》の法門寺などからは複数の明王像や数例の立体マンダラが発見されているので、恵果の頃、まだ中国密教はある程度の力と影響力を持ってはいたと考えられる。しかし、もともとそれほど健康ではなかった恵果は、貞元《ていげん》十八年（八〇二）、ついに病の床につき、高弟の義明《ぎみよう》ら七人を呼んで密教の法燈護持を依頼している。その後、和尚は小康を得たものの、もはや積極的な活動は不可能な状態であった。

くり返すが、空海はぎりぎりまで病人を待たせたのではなく、十分な語学力を身につけて青龍寺の門をたたいたのである。恵果のほうも、東方の島国から密教を求めてきた空海の志を是とするとともに、漢語はおろか、梵語まで扱える空海の才能と適性を一日で見抜き、消えかかった生命の火を密教の付法に燃やすことになる。

恵果和尚の俗弟子（在家の弟子）の呉慇《ごいん》が著わした『恵果阿闍梨行状《ぎょうじょう》』の中で、

今、日本の沙門《しゃもん》空海ありて、来りて聖教《しょうぎょう》（密教）を求むるに、（金胎）両部の秘奥、壇儀《だんぎ》（マンダラ行法《ぎょうぼう》）、印契《いんげい》（手印）を以てす。漢梵《かんぼん》（漢語と梵語）差《たが》うことなく、悉《ことごと》く心に受くること、猶《なお》し瀉瓶《しゃびょう》のごとし

とあるが、「漢梵差うことなく」とは、日本の大学と長安での般若三蔵の教導による成果であり、あたかも一つの瓶から他の瓶に水を注ぎ移すように（瀉瓶）、密教の深遠なる法が師の恵果から、異国の弟子・空海に写し取られていくのである。

灌頂の実際

空海が青龍寺を訪れて恵果と会い、伝法の入壇を許可された月日は不明である。しかし、前後の行動から推して貞元二十一年（八〇五）の五月頃と考えて大過あるまい。

感激に打ち震えた空海は、居住する西明寺へ帰り、種々準備万端を整えたのち、三度の灌頂《かんじょう》を受けることとなる。灌頂とは、西方のキリスト教カソリック派が行なう洗礼《せんれい》の原型にあたるもので、頭に水をかけたり、宝冠をかぶらせて新たな資格や能力の発生を証明する儀式である。日本ですでに『大

日経』に触れて言葉としては知っていた空海も、それに直接参加できる機会を得たのである。のちに天台宗の最澄《さいちょう》が密教を求めて空海と交渉を持つが、最澄はその「体験性」を最後まで理解できなかった。

以後、六月上旬、七月上旬、八月上旬と三度にわたって三種の灌頂を受けることになるが、なぜすべて「上旬」なのであろうか。結論を述べると、これはインド以来の密教占星法に基づく吉凶占相による発想である。

当時の暦である太陰暦では、新月から次第に右側から満ちてきて満月に至るまでを白月《びゃくげつ》（上弦）、逆に満月から次第に右側が欠けてきて新月になるまでを黒月《こくげつ》（下弦）と呼ぶ。吉凶と結びつけると、白月が吉日であり、慶事の儀式は原則として白月の、しかも八日、十四日など特定の日に実施することが多い。

なお、占星法（アストロロジー）は、厳密には客観的・事実的な「情報」ではなく、占いの分野にあたる「疑似情報」であろう。もっとも、特別の価値観を座標軸とする宗教の世界では、疑似情報が事実情報に優先することも少なくない。

最初の灌頂について、空海はその奇跡を語る。

六月上旬に、学法灌頂壇に入る。この日、大悲胎蔵大曼荼羅《たいひたいぞうだいまんだら》に臨《のぞ》んで、法に依って花をなげうつに、偶然にして中台の毘盧遮那（大日）如来の身上に着く。

（恵果）阿闍梨、讃してのたまわく、不可思議《ふかしぎ》、不可思議なりと。再三、讃歎す。すなわち五部灌頂を沐《もく》して、三密加持《さんみつかじ》を受く。

これより以後、胎蔵の梵字の儀軌《ぎき》を受け、諸尊の瑜伽観智《ゆがかんち》を学ぶ

説明を加えると、最初に六月上旬に行なわれたのは、『大日経』に説かれる大悲胎蔵マンダラに対する灌頂である。「法に依って」とは、経軌《きょうき》に規定されるように、目隠しをされて壇上に水平に敷かれた胎蔵マンダラの上に花（房）を落とすと、何と中尊の大日（毘盧遮那）如来の上に縁を結んだ。つまり念持仏《ねんじぶつ》（守り仏）となったわけである。

なかなか中央に投華《とうげ》（花を落とすこと）するのは難しいので、師である恵果阿闍梨も大変に驚いて、空海の深い縁を讃嘆したことであった。空海自身は、自著の中でとくに言及しないが、落ちた箇所のほとけの金剛名《こんごうめい》（○○金剛）が以後、密教の阿闍梨名として使用されることになる。彼の場合、大日如来と結縁《けちえん》したので、その金剛名である「遍照金剛《へんじょうこんごう》」を名乗ることになる。

もちろん、これ以後も単なる仏教者、もしくは世俗の人々と対応する際には、空海は従来どおり「沙門空海」「大僧都《だいそうず》空海」など「空海」の僧名を用いているが、この灌頂からのちは、第一章にあげた四つの名前として、「遍照金剛」、換言すれば密教の阿闍梨の時代を迎えたということができよう。

大日如来の上に落ちた花

なお、引用文の末尾に、「これより以後、胎蔵の梵字の儀軌を受け、諸尊の瑜伽観智を学ぶ」とあ

ることに留意しなければならない。なぜならば、帰国後、天台宗の最澄が七歳も年下の空海に弟子の礼をとり、金胎両部の灌頂を求めた際、最澄は空海が短期間の間に免許皆伝ともいうべき伝法灌頂を授けられたことにならって同等の灌頂を授けてもらうことを願った。

しかしながら、最澄は重大な誤解をしていた。それは、梵字・梵語の素養をあらかじめ修得して行った空海でさえ、灌頂のあと、約半月間にわたって『大日経』・胎蔵マンダラに登場する諸尊の印や真言、そして身《しん》・口《く》・意《い》という三種の行為形態を用いて各尊と一体化する観想法（供養法）の指導を受けたのである。

現代でもそうであるが、灌頂の儀式だけであれば、いわゆる一泊二日で行なうことができる。しかし、そのような灌頂は、専門的にいう受明《じゆみよう》灌頂（一尊だけの灌頂）であって、『大日経』・胎蔵マンダラの伝法阿闍梨となるためには、むしろあとからの（もしくは先立つ）修学が大変であった。空海は、おそらく未明に西明寺をたち、一日中青龍寺で教義と実践を師から伝授され、日暮れてから長い道のりを帰ったことであろう。

続いて、七月上旬には第二の灌頂に入っていく。『請来目録』は、簡単に述べている。

七月上旬に、さらに金剛界の大曼荼羅に臨んで、重ねて五部の灌頂を受く。また（花を）なげうつに毘盧遮那を得たり。和尚、驚歎したもうこと前のごとし

一カ月後の吉祥日（縁起のいい日）に、今度は『金剛頂経』に説かれる金剛界マンダラに入壇灌頂

することになる。恵果の密教の特徴は、金剛界と胎蔵の両部双修にあるが、厳密にいえば、いずれが密教度のレベルが高いか正しく見抜いていた。だからこそ、先に『大日経』・胎蔵マンダラの灌頂を行ない、少し高度な『金剛頂経』・金剛界マンダラの灌頂をその一カ月後に許した。今回も目隠しをして花房をマンダラの上に落としたところ、金剛界マンダラの中尊の（金剛界）大日如来と縁を結んだ。誠実な恵果阿闍梨が再び驚き、空海の仏縁をほめたたえたことは想像にかたくない。

余談だが、私も二十二歳の頃、京都の古刹・醍醐寺《だいごじ》で、両部の伝法灌頂に入壇させていただいた。その際、少しマンダラの知識があったので、もちろん目隠ししたままであったが、多少苦労して遠くに花を投げた。そうすると、そばで教示してくださる教授師《きょうじゅし》の方が、大声で「金剛薩埵《こんごうさった》」と言われた直後、「もとい、大日如来」と訂正された。

この現象は、中世以降、たとえ入壇者がどこへ投華しても、弘法大師・空海にあやかって大日如来に結縁したとする習慣ができた結果であるが、いくらこざかしくふるまっても、ほんとうに中尊・大日如来に落ちることはやはり神秘的だ。空海は、灌頂を受けた一年後にはすでに公文書に「遍照金剛」と明記しており、密教公布を自らの天命・仏命と確信していたのであろう。

さらに一カ月後、いよいよ仕上げの儀式が行なわれた。

八月上旬にまた、伝法阿闍梨位の灌頂を受く。この日、五百僧《そう》の斎《さい》を設けて、あまねく四衆《ししゅ》（出家・在家の男女）に供（養）す。青龍、大興善寺等の供奉大徳《ぐぶだいとく》ならびに斎筵《さいえん》（お斎《とき》の場）に臨み、

ことごとくみな随喜す（喜んだ）

やっと三カ月目に、最後の伝法阿闍梨の位を授ける灌頂を受け、ここに密教の正式相承を認められた空海阿闍梨（遍照金剛阿闍梨）が誕生したのである。現在の密教でもそうであるが、伝法阿闍梨になれば、今度は弟子たちにその密教の法脈を伝授することができる。

空海のこの慶事を祝して、同日、道場のあった青龍寺では、寺内の男女すべての僧俗（比丘《びく》・比丘尼《びくに》・優婆塞《うばそく》・優婆夷《うばい》の四衆）には、感謝のお斎《とき》（無料の食事接待）がふるまわれた。

念願のかなった空海は当然のこと、中国密教の消えかかった灯を異国の情熱僧に伝えることのできた恵果和尚もさぞ満足であったろう。

なお、少し難しくなるが、このときの三度の灌頂が、のちに高雄山寺《たかおさんじ》（のちの神護寺《じんごじ》）で最澄に与えた灌頂、さらには実践儀礼化されて現代にまで伝えられている灌頂の体系（システム）とやや異なっているので、専門家の間でむしろ問題となることが多い。

紙数の都合もあるので要点だけをまとめておくと、恵果の言葉としては認められないが、六月と七月の二回の灌頂を、空海を明確に「両部の大法《だいほう》」と規定している。確かに、いずれのマンダラに花を投げたときも中心の大日如来（遍照金剛）の上に落ちている。

最澄の誤算

しかし、そうした儀式だけなら、灌頂としては一つのほとけと縁を結ぶ受明（もしくは学修）灌頂にあたる。最澄が高雄山寺で空海から入壇を許されたのは、この部類の灌頂である。そして最澄は、あとで必要な諸尊の印・真言や観想法を実践せずに比叡山《ひえいざん》に戻っていった。しかし、空海の場合、恵果が最後の力を振りしぼって各論にあたる行法を一対一で授けたのである。

その結果、最後（第三）の灌頂は、胎蔵・金剛界の両部の法を体得し終わったことを示す免許皆伝の灌頂、つまり出口を示す伝法灌頂であった。最澄の場合には、入口と出口の大きな差異がどうしても理解できなかったようだ。それは彼の思慮不足ではなく、経典は読誦《どくじゅ》、写経、講讃などによって体得できるとする大乗仏教思想のいわば正統的考えに起因するものであり、体験・体得を不可欠とする密教との間には大きな溝があったのである。密教は視覚・聴覚だけですむものではなく、全身体験を必要とする総合情報を不可欠とする。

なお、現代の事相《じそう》（実践儀礼）では、先に四度加行《しどけぎょう》という金剛界・胎蔵の両修法を含んだ実践をすませておくので、実際の灌頂は二回（金剛界・胎蔵）にとどまる。

恵果の密教

空海が危険を冒してまで入唐《にっとう》して求めた「密教」と、のちに中国密教の「第七祖」とも称された恵果の「密教」が完全に一致するかは別問題として、恵果が生前自身に凝縮した密教と空海が師から授かった密教については、それを明確化しておく必要がある。

師の不空三蔵の活動があらゆる分野に及び、その翻訳・撰述も百余部百五十巻に達するのに対し、恵果和尚はまさに好対照をなす生涯を送り、翻訳、もしくは著作として確実視されるものは見あたらない。事相・教相の両相にまたがる『秘蔵記《ひぞうき》』や、『十八契印《じゅうはちげいいん》』『大日如来剣印《だいにちにょらいけんいん》』などの小著作が恵果と結びつけられることもないではないが、真作であると断定することも容易ではない。とくに『秘蔵記』は、最近では年代を下げられている。

したがって、著作からその密教内容を再構築することは不可能なので、ここではその相承法脈と、弟子となった空海に伝えたものの二つの視点から恵果の密教を復元してみよう。

まず、各祖師、各経典の相承系譜についてては多様な説が伝わっており、しかも真言・天台の両系において特有の相承史観があるので、ここで直ちに結論的な解答を提出するのは容易ではない。一つだけ明確なのは、不空三蔵の晩年の弟子であるということだ。

そこで、さらにさかのぼれば不空三蔵の密教が次の問題となるが、今度はあまりにも内容が広大・広範となり、逆に細かく限定するのが難しい。ただ、自らが奉呈した目録流行表の中で、

その訳するところの金剛頂瑜伽《こんごうちょうゆが》の法門は、これ成仏速疾（速い成仏）の路《みち》なり。

（中略）

余部（他）の真言（密教）は、諸仏の方便《ほうべん》（手立て）なり。その徒《みち》、一にあらず

と主張しているように、速時成仏（速く成仏できる）という視点から、『金剛頂経』系の密教を最高位に置いている事実は承認できる。

もっとも、不空の『金剛頂経』は、通常『初会《しょえ》金剛頂経』（別称『真実摂経《しんじつしょうきょう》』）と呼ばれる狭義の『金剛頂経』ではなく、『降三世儀軌《ごうざんぜぎき》』（広本の第二章）や『理趣経《りしゅきょう》』などの広範な要素を含んでおり、その全貌を把握するに至っていない。

さらに、『大日経』をも知悉《ちしつ》していたことは確実である。要するに、善無畏、金剛智、不空、一行の四大祖師は、一つの経典の相承で系譜化しても、それほど重要な意味を持たないのである。つまり、四人とも両部の密教を知っていた可能性が高い。

なお、没後二十年ないし三十年ばかりのちに書かれたであろうと推測される『大唐青龍寺三朝供奉大徳行状《だいとうせいりゅうじさんちょうぐぶだいとくぎょうじょう》』（『大徳行状』）では、恵果は、善無畏の法脈につながる玄超《げんちょう》から胎蔵法と蘇悉地法《そしつじほう》を受けたとある。私は、『大日経』に基づく胎蔵法に関しては異論はないが、『蘇悉地羯羅経《そしつじからきょう》』（『蘇悉地経』）を典拠とする蘇悉地法については、賛否を保留したい。

故郷インドでは、おそらく『大日経』にやや先行したであろう『蘇悉地経』は、中国では同一人の善無畏三蔵によって訳出され、その独特の三部《さんぶ》（仏部・蓮華部・金剛部）説と悉地《しつち》（成就）説は、八三〇年代の中国密教では、むしろ金胎両部を止揚する位置を与えるという解釈も台頭しているからである。

とくに、真言（東密）系の密教史と天台（台密）系の密教史では解釈が大きく異なるので、本書ではむしろ空海に伝えられたものから恵果の密教を再構築する手法を用いたい。

恵果の与えたもの

空海に自らの密教をすべて伝えた恵果は、その年の十二月十五日に心静かに涅槃《ねはん》の地（死）へ赴《おもむ》いた。あたかも大きな役割をなし遂《と》げたような大往生であった。

しかし、その前に恵果は、伝法阿闍梨となり日本で密教を伝えていく空海に、有形・無形の必需品と有効な助言を与えた。

すなわち、恵果は、供奉丹青《ぐぶたんせい》という役職の宮廷画師の李真《りしん》などの十余人に命じて、胎蔵・金剛界の両部マンダラをはじめ計十鋪の絵画を描かせた。さらに二十余人の写経生を集めて『金剛頂経』等の重要な密教経典を書写させた。

それだけでなく、宮廷専用の鋳博士《いものはかせ》の趙呉《ちようご》（楊忠信）に命じて密教法具等を製作させている。

その内容から、恵果の密教をたどってみよう。

空海が中国で入手した数々のものは、帰国後、朝廷に上呈した『請来目録』に収められている。この『請来目録』こそ、まさに空海の密教に対するデータベースといっても過言ではない。

その中で、恵果阿闍梨の密教理解を示したものとして、

(1) 仏像等

(2) 道具

(3) 阿闍梨付嘱物《ふしよくぶつ》

(4)　青龍阿闍梨付嘱物

の四種のものをあげることができる。

まず、恵果の思想と行動を全体的に示す表現を紹介しておこう。

和尚告げていわく、「真言秘蔵は経疏《きょうしょ》に隠密にして、図画《ずが》を仮らざれば相伝すること能《あた》わず」と

すなわち、密教は、経典や注釈書のような文献資料だけでは理解することが難しく、むしろ姿・形として表現された図画・図像を通して感覚的、直観的に把握することが必要なのである。

恵果が空海に伝えたもののうち、内容が最も明確に表示されるのが、次の「仏像等」である。

大毘盧遮那大悲胎蔵大曼荼羅一鋪　七幅一丈六尺
大悲胎蔵法曼荼羅一鋪　三幅
大悲胎蔵三昧耶《さんまや》略曼荼羅一鋪　三幅
金剛界九会《くえ》曼荼羅一鋪　七幅一丈六尺
金剛界八十一尊大曼荼羅一鋪　三幅
金剛智阿闍梨影《えい》一鋪　三幅
善無畏三蔵影一鋪　三幅
大広智阿闍梨影一鋪　三幅
青龍寺恵果阿闍梨影一鋪　三幅　親付法阿闍梨耶

一行禅師影一鋪　　三幅
右仏菩薩金剛諸天等の像並に伝法阿闍梨等の影十鋪

一見して明らかなように、前半の五鋪（五点）がマンダラであり、後半の五鋪が祖師図《そしず》である。この両種の密教画から、師の恵果の伝えたかった密教の内容を十分に復元できると確信する。

マンダラとは何か

まず、マンダラは近年、文化的にも完全に市民権を得て、テレビや雑誌で「人間マンダラ」「永田町曼荼羅」などの番組や連載が見られるが、元来は、密教の聖なる世界を図形の構成とほとけの配列によって表現したものである。

日本では、密教のみならず、他の仏教（浄土教）や神道とも結びつき、大別して次の四種のマンダラが流行した。

(1) 両部・両界《りょうがい》マンダラ
(2) 別尊マンダラ
(3) 浄土マンダラ
(4) 垂迹《すいじゃく》（神道）マンダラ

このうち、(3)の浄土マンダラは、阿弥陀如来《あみだにょらい》のいます西方《さいほう》極楽浄土を描いたものだが、マンダラの必要条件である空間性・複数性・中心性・調和性などを満たしているため、中世初期の頃から、「浄土曼荼羅」とも呼ばれるようになった。

(4)の垂迹マンダラは、別に神道マンダラとも呼ばれるごとく、平安時代の頃から流行してきた神仏習合の流れに従って、神々たちが仏教のほとけと表裏一体の関係を持ちながら、マンダラ中に表現される。熊野マンダラ、春日マンダラなどが有名である。

上記の二種が、密教以外に拡大されたマンダラであるのに対し、純粋に密教を表わすのが、(1)の両部・両界マンダラと、(2)の別尊マンダラである。まず基本となるのが、『大日経』に説かれる胎蔵マンダラと『金剛頂経』に説かれる金剛界マンダラのセット(一具)である両部マンダラだ。後世、原典にはなかった「胎蔵界」という字を加えた場合は、両界マンダラとも呼ばれている。

これに対し、別尊マンダラとは、個別のほとけをそれぞれ本尊として関係のあるほとけのみを集める仏画であり、仁王会《にんのうえ》や節分星供《せつぶんほしく》など特別の目的を持った修法の際に用いられる。

ここで、恵果が当時の最高の画技を誇っていた李真らに描かせたのは、いわゆる両部・両界マンダラであり、端的にいえば総論のマンダラである。

五点のうち、前の三点は胎蔵マンダラ、あとの二点が金剛界マンダラであり、恵果は両部のマンダラと、その根拠となった『大日経』と『金剛頂経』の両部の密教をよりどころとしていたことは明白である。

日本に持ち込まれた巨大マンダラ

しかも注意を払うべきは、胎蔵・金剛界のいずれにおいても、とくに幅が七幅の巨大なマンダラがセットとして与えられていることである。ちなみに、先の一覧で見られる「七幅」とか「三幅」というのは、画材（キャンバス）の大きさを表わす語であり、幅が六十センチほどの絹布を、主に縦に七枚、もしくは三枚張り合わせたものを、「七幅」もしくは「三幅」という。それゆえ、七幅の場合は、縦・横いずれも四メートルを超す巨大マンダラであり、重要な密教儀礼、とりわけ両部立て（大法）といわれる修法の際に用いられる。

先の一覧では、両部のマンダラの内容、つまり構造と表現に関する記述に乏しいが、四番目の金剛界マンダラには「九会」（九つのセクション）という言葉が付されている。それによって、恵果が空海に付嘱した一対の巨大なマンダラは、現在でも日本密教の根本マンダラとなっている、金剛界が九会（井桁《いげた》状九分構造）の、胎蔵が十二院（縦四重・横三重）の構造を持っていたことは疑いない。

空海が中国から持ち帰ったこの両部のマンダラは、高野山《こうやさん》、神護寺など空海ゆかりの密教寺院で懸用されていたが、十五年後の弘仁《こうにん》十二年（八二一）には傷みや剝落が激しく、時の実力者であった右大臣・藤原冬嗣《ふじわらのふゆつぐ》などの後援を得て、わが国の画師に新しく描かせている。美術史ではこの第一回転写本を弘仁本《こうにんぼん》と呼ぶが、残念ながら請来原本とともに伝存しない。その後、根本となる両部マンダラは「現図《げんず》」（狭義）のマンダラと呼ばれ、東寺に伝えられている。現在、正月の後七日御修法《ごしちにちみしほ》という大法要に使用されているのは、江戸時代に将軍徳川綱吉の母・桂昌院《けいしょういん》光子によって寄進された元禄本である。

マンダラの図像学でいえば、九会の金剛界マンダラは、師の不空三蔵の密教が生み出したもので、中央と左側の計九会が『初会金剛頂経』の第一章「金剛界品《こんごうかいぼん》」、右側の第八・第九の二会が第二章「降三世品《ごうざんぜぼん》」に典拠がある。そして向かって右上側の第七会のみが『理趣経』系のマンダラであり、それらを全体的に集成したマンダラである。まじめな弟子・恵果が、師の『金剛頂経』の総合的理解をマンダラ化したのであろう。

なお、異系統の金剛界マンダラである一会《いちえ》（一区画）の八十一尊マンダラ（金剛智系か）を持ち帰っているのは、やはり情報収集の達人である空海らしい。授けたほうの恵果も、両部マンダラのいずれにも複数の系統があることを理解していた。

他方の胎蔵マンダラは、もし現在も「現図」マンダラとして伝えられている十二院（中央の中台八《ちゅうだいはち》葉院《よういん》から最外周の最外院まで）であるとすれば、石田尚豊博士の研究にあるように、善無畏三蔵訳の『大日経』（根本の三重曼荼羅）を根底に置きながら、のちに不空訳の密教経軌の解釈と図像を持ち込んだものである。両部とはいいながら、不空の密教の影響がいかに大きかったかを如実に示している。

ただ、現在の密教学・密教史の定説でいうと、インドと中央アジアの血が混じる不空には、速い成仏を説く『金剛頂経』の優位は認めていたが、金剛界・胎蔵を一対のセットとする発想は見られない。

むしろ、『大日経』と『金剛頂経』をそれぞれ別の師から相承し、しかも中国固有の陰陽二元論にも親しかった恵果にしてはじめて可能であったと思われる。

祖師図の意義

恵果の密教が金胎両部の密教を総合止揚したものであることは、五種のマンダラのみならず、同じときに空海に与えた五鋪の祖師図からも証明される。幸いにも、『請来目録』に記載されている五鋪の影《えい》（肖像画）は、一千二百年の星霜に耐え、いまも空海の寺・東寺に伝存している。それらはすべて同等の寸法であり、組図《くみず》（グループ）として懸用されていたものだろう。

各祖師の図像内容としては、手の印相（ポーズ）と持ち物に差異をもたせ、図像的な固定（比定）に便宜をはかっているが、むしろ重要なのは、各祖師の僧名の下につく尊称である。注意深く検討すると、次の三つのグループに細分することができる。

a、阿闍梨
(1) 金剛智
(2) 大広智（不空）
(3) 青龍寺恵果

b、三蔵
(1) 善無畏

これらの祖師図に記入されている名称の漢語と梵字がだれの書なのか、現在の段階で確定するのは難しいが、少なくとも空海の関与までは容認されるだろう。学問的には空海の作としては疑義が残る『真言付法伝』の扱いも検討する必要があるが、少なくとも『請来目録』中の目録にこの三種の尊称が混在している事実を無視してはならない。

そこから帰納される問題点を列挙すると、第一に、「阿闍梨」と称される金剛智・不空・恵果の三人は、『金剛頂経』の正統系譜であることは一目瞭然である。『大日経』をはじめとする他の密教相承では、「阿闍梨」と呼ばないとする資料は未見であるが、恵果と空海にあっては、どこまでも金剛智・不空・恵果・空海という流れが本流であり、それが『金剛頂経』系阿闍梨の法脈なのである。

第二に、それ以外の「三蔵」と「禅師」とそれぞれ尊称される善無畏《ぜんむい》と一行は、近年の図像学・美術史の研究からは、いずれも『金剛頂経』にも詳しく、しかも善無畏は『五部心観《ごぶしんかん》』という非常にインド色の濃い金剛界マンダラを伝えていたことが証明されているが、先の三師と比べると、中国密教での評価は、『大日経』の請来者兼翻訳者にとどまるものであった。それでも翻訳の功績をたたえて「三蔵」と呼ばれている。

c、禅師《ぜんじ》

(1) 一行

『金剛頂経』の優位

生粋の中国人である一行は、善無畏三蔵の『大日経』の翻訳を助け、かつ注釈書『大日経義釈《だいにちきょうぎしゃく》』（校訂本は『大日経疏《だいにちきょうしょ》』）を著わすなどの功績はあったが、「三蔵」といわれるまでの翻訳実績はない。むしろ二十歳をすぎて早くに父母を失って出家し、名山の一つ嵩山《すうざん》の禅僧であった普寂《ふじゃく》禅師（六五一～七三九）について禅をきわめたので、以後たとえ密教に接しても依然として「禅師」と称されている。

日本の常識的仏教感覚では、禅の流行は密教よりも三百年以上遅れる感じであるが、日本への初伝は密教とほとんど異ならない。中国では、金剛智・善無畏などの「開元《かいげん》の三大士」よりも禅の流行のほうが早い。

それはともかく、『大日経』を相承した善無畏と一行の二人が密教を知り、実践しているにもかかわらず、意識的に「阿闍梨」と呼ばれなかったことは単なる偶然ではなく、『金剛頂経』の系譜を根本とする了解があったことを物語っている。

それにもかかわらず、密教の修法空間を飾り、しかも守護する祖師図（影）に善無畏と一行を忘れずに入れたところに、両部密教に固執した恵果の真の意図があったのである。

このほか、『請来目録』では「阿闍梨付嘱物」という項目を設け、「仏舎利八十粒」「刻白檀仏菩薩《こくびゃくだんぶつぼさつ》金剛尊像《こんごうそんぞう》一龕《いちがん》」（高野山金剛峯寺《こんごうぶじ》に伝わる枕本尊《まくらほんぞん》）などの八点を掲げ、続けて次のように述べる。

吉川弘文館

新刊ご案内　2023年1月

〒113-0033・東京都文京区本郷7丁目2番8号　振替 00100-5-244（表示価格は10％税込）
電話 03-3813-9151（代表）　ＦＡＸ 03-3812-3544　http://www.yoshikawa-k.co.jp/

日本・東洋の文化財の宝庫。その歴史といまを徹底解剖！

ミュージアムヒストリー 東京国立博物館

150年のあゆみ

日本最大の博物館をより深く楽しむための公式ガイド！

東京国立博物館編

明治五年、湯島聖堂博覧会開催を機に誕生した東京国立博物館。豊富なテーマと写真で一五〇年のあゆみ、現在の活動の舞台裏や展示施設の特色を紹介。文化財を守り伝えることの大切さを感じつつ博物館の魅力に迫ります。

Ｂ５判・一二八頁／一七六〇円　『内容案内』送呈

孫の孫が語る藤原道長

百年後から見た王朝時代

繁田信一著

必ず北向きで手を洗い、鼻は真っ赤―。平安朝で栄華を極めた藤原道長の知られざる姿は、孫の孫にあたる藤原忠実の談話集により今に伝わった。道長の家族や周囲の人々のふるまいにも触れ、百年後から見た王朝時代に迫る。

四六判・二八八頁／二七五〇円

天守

芸術建築の本質と歴史

三浦正幸著

近世大名の権威の象徴であり、壮麗な造形で人々を魅了し続ける天守。姫路城をはじめ現存天守の構造と意匠を分析し、籠城戦での機能や建築的工夫の豊かさを詳説。失われた天守にも触れその歴史と魅力に迫る。

Ａ５判／二六四〇円　三一二頁

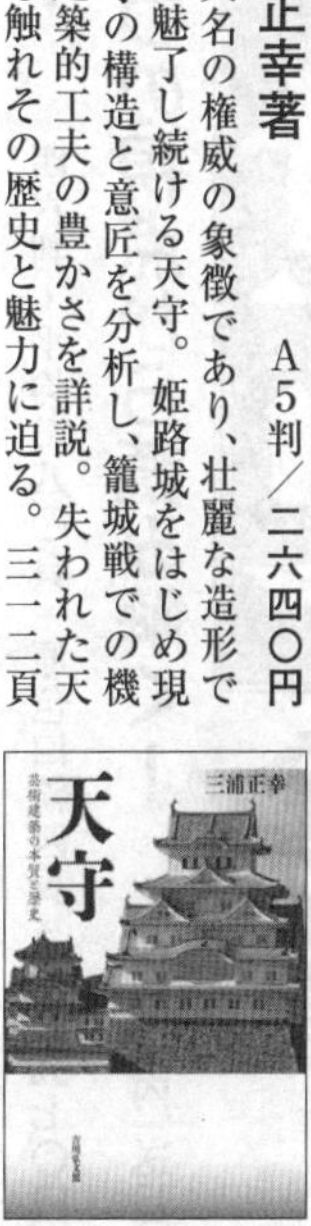

正倉院宝物を10倍楽しむ

山本忠尚著

奈良時代より一三〇〇年の時を超え、守り伝えられてきた正倉院宝物。メッキや代用の技法、天馬や麒麟《きりん》といった架空動物の意匠、象牙や翡翠《ひすい》などの素材から、多彩な美術工芸を解説。天平文化の造形の粋をあつめた豊穣な世界へといざなう。

Ａ５判・三三〇頁／二九七〇円

安倍・清原氏の巨大城柵

鳥海柵跡・大鳥井山遺跡

樋口知志監修／浅利英克・島田祐悦著

奥州藤原氏登場以前、奥羽北部の支配を担った安倍・清原両氏。その居館である鳥海柵《とのみのさく》跡・大《おお》鳥井山《とりいやま》遺跡など、巨大城柵の全体像を考古学的成果から解明。在地豪族である両氏の台頭を描き、東北の古代から中世への転換期に迫る。

Ａ５判・三〇二頁／二六四〇円

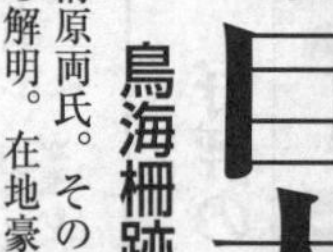

足利成氏の生涯

鎌倉府から古河府へ

市村高男著

初代古河公方となった足利成氏《しげうじ》。享徳の乱など戦ばかりの生涯というイメージを再考する。崩壊した公方家と鎌倉府の再建、下総古河に建てた新体制の実態を解明。自然環境や宗教・文化との関わりにも触れ新たな実像に迫る。

四六判・三二〇頁／二九七〇円

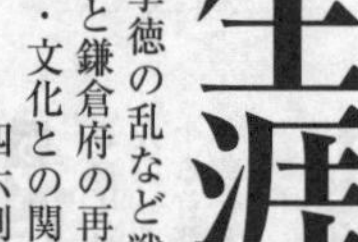

再生する延暦寺の建築

信長焼き討ち後の伽藍復興

海野　聡著

織田信長の焼き討ちで伽藍の大部分を失った比叡山延暦寺に関する研究は、焼失前に偏り復興後は看過されてきた。全山の建造物を調査し、建築の継承や現在に至る伽藍形成を追究。天台宗寺院の建築的特質を解き明かす。

Ａ５判・三一六頁／三八五〇円

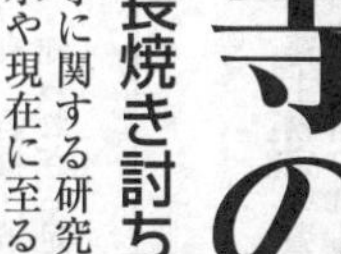

さまざまな生涯を時代とともに描く

人物叢書 新装版

日本歴史学会編集　四六判

橘嘉《か》智《ち》子《こ》

勝浦令子著

二九六頁

二四二〇円

平安前期、凋落した橘氏出身にもかかわらず、嵯峨天皇の寵愛を受けて皇后に上り詰める。尼寺檀林寺や教育施設学館院《がっかんいん》を創設。承和の変ではその決断が結末を左右した。後世の「檀林皇后」像を取り払い、その実像に迫る。（通巻316）

仁明天皇

遠藤慶太著

二七二頁

二三一〇円

平安前期の天皇。唐風文化が成熟して安定期を迎えつつあった時代に即位。華美を好む反面、幼少より病弱で劇薬を服用することもあった。承和の変では淳和系を排除し皇統を独占。のちに聖主と仰がれた天皇の生涯を描く。（通巻317）

歴史手帳 2023年版

日記と歴史百科が一冊で便利！

吉川弘文館編集部編

Ａ６判・三三六頁／一三二〇円

毎年歴史家をはじめ、教師・ジャーナリスト・作家・学生・歴史愛好者など、多数の方々にご愛用いただいております。

歴史文化ライブラリー

●22年9月〜12月発売の8冊

四六判・平均二二〇頁　全冊書き下ろし

人類誕生から現代まで／忘れられた歴史の発掘／常識への挑戦／学問の成果を誰にもわかりやすく／ハンディな造本と読みやすい活字／個性あふれる装幀

557 郡司と天皇　地方豪族と古代国家

磐下　徹著

地域に根ざした勢力をもつ豪族は、天皇から郡司に任命されて地方支配を担う一方、行基ら僧侶とともに民衆を集め治水・架橋事業を展開した。郡司を輩出する氏族の構成や影響力、僧侶との関係から、古代社会の姿を描く。

二四〇頁／一八七〇円

558 唱歌「蛍の光」と帝国日本

大日方純夫著

「蛍の光」には現存しない三番・四番があった。「帝国」版図の拡大と幻の歌詞を読み解き、その成立と変遷過程を「国民国家」日本の歴史の中に位置づけ、日本と東アジアの植民地支配に与えた影響を解き明かす。

二七二頁／一九八〇円

559 足利将軍と御三家　吉良・石橋・渋川氏

谷口雄太著

従来の研究で「負け組」とされた足利御三家の吉良・石橋・渋川家（氏）は、儀礼権威体系からみると別格の存在だった。斯波氏にもふれつつ、知られざる足利御三家の存在に光を当てる。室町時代を「権威」から読む注目の一冊。

〈2刷〉二二〇頁／一八七〇円

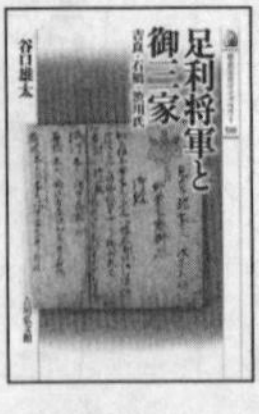

560 〈伊達騒動〉の真相

平川　新著

仙台藩の存亡を二度も揺るがした伊達騒動。三代藩主綱宗《つなむね》の強制隠居や原田宗輔《むねすけ》の刃傷沙汰など、新出史料を交え事件の真相に迫る。演劇や文学で語られる老中陰謀説や原田忠臣説にも言及、伊達騒動全史の解明に挑む。

〈僅少〉三〇二頁／二二〇〇円

561 古代の刀剣 日本刀の源流

小池伸彦著

日本刀の美しい反《そ》りや刃文《はもん》はいつ、どのように生まれたのか。古代鉄刀に代表される直刀《ちょくとう》から湾刀《わんとう》への変遷を、古代の鉄生産の実態や、正倉院刀の調査を視野に入れ解明。現代刀匠《とうしょう》の技術にも着目し、日本刀の源流に迫る。

二五六頁／一九八〇円

562 国産航空機の歴史 零戦・隼からYS－一一まで

笠井雅直著

明治末の外国機輸入に始まる日本の航空機の歴史。戦争で三菱・中島・川崎を中心に軍用機の開発・製造が本格化し、大量生産・流れ作業の工程を構築。敗戦を経て、戦後の国産化へと受け継がれる航空機産業の盛衰を描く。

二四〇頁／一八七〇円

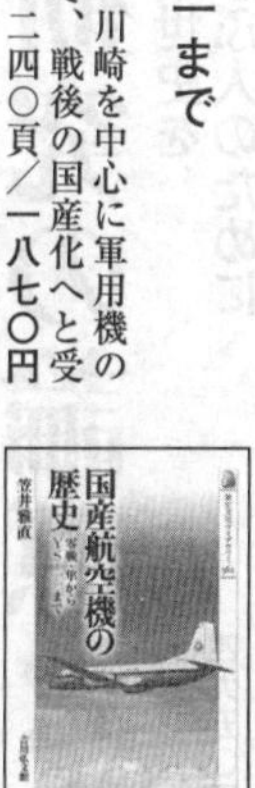

563 ガラスの来た道 古代ユーラシアをつなぐ輝き

小寺智津子著

古代西アジアで発明され、東方にもたらされたガラス製品。どのような人物が入手し、そこにはいかなる意味があるのか。シルクロードの東西交渉や日本と大陸の交流などをガラスから読み解き、古代の人々の活動を映し出す。

二八八頁／二〇九〇円

564 帝国主義とパンデミック 医療と経済の東南アジア史

千葉芳広著

一九世紀、拡大する帝国主義は感染症の流行にどう対応したのか。帝国の東南アジア支配に医療が果たした役割、西洋医療と現地社会との摩擦、医療と経済の関係から、病と健康の歴史をグローバルな視点で明らかにする。

二四〇頁／一八七〇円

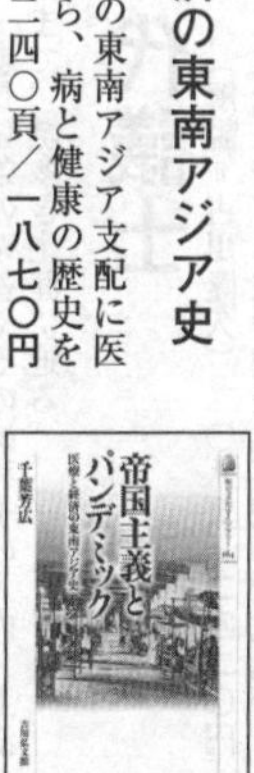

【好評重版】

467 **古代の神社と神職** 神をまつる人びと

加瀬直弥著

二三六頁／一八七〇円

514 **顔の考古学** 異形の精神史

設楽博己著

二五六頁／一九八〇円

歴史文化ライブラリー

オンデマンド版 好評発売中

品切書目の一部を、オンデマンド版に随時追加して販売中です。詳しくは『出版図書目録』または小社ホームページをご覧下さい。

読みなおす日本史

毎月１冊ずつ刊行中　四六判

伊勢神宮　東アジアのアマテラス

千田　稔著　（補論＝千田　稔）二〇〇頁／二四二〇円

千三百年以上の歴史をもつ伊勢神宮。祭神アマテラス大神の謎めいた誕生から、道教と神宮、蒙古襲来の「神風」、伊勢参り、植民地の神宮建設、戦後の混乱期における変革までを概観。東アジアへ視野を広げ、その変遷に迫る。

東国の古墳と古代史

白石太一郎著　（補論＝白石太一郎）二八六頁／二六四〇円

近畿のヤマト勢力にとって、東国はどのような存在だったのか。西日本と共通する要素を持ちながら、強い独自色を示す東海・関東の古墳からアプローチ。東日本の政治連合の形成、牧と馬の文化など、古代史の謎に迫る。

春日局　知られざる実像

小和田哲男著　（補論＝小和田哲男）二五六頁／二四二〇円

徳川三代将軍家光の乳母から傅役となり、大奥を統率して権勢をふるった春日局。運命を変えた本能寺の変と流浪からの乳母抜擢、家光・忠長兄弟の確執やその妹和子の入内、上洛で果たした役割まで、謎多き生涯に迫る。

昭和の代議士

楠　精一郎著　（解説＝古川隆久）二〇八頁／二四二〇円

戦前から活躍し、敗戦をくぐり抜け戦後も存続した代議士と呼ばれる政党政治家たち。要職登用をめぐる親分子分関係、盟友や政敵など、人間臭い権力闘争に政治家の本質を探り、昭和戦前期から講和後にいたる政治史を描き出す。

南関東の弥生文化　東アジアとの交流と農耕化

長友朋子・石川日出志・深澤芳樹編

弥生中期の南関東地方に、大規模な低地農耕集落が突如出現した。この地域で本格的な水稲農耕が開始したのはなぜか。関東地方の水稲農耕受容と東アジアの交易ネットワークの実態を探り、列島弥生社会の変化を解明する。

B５判・二八八頁／四六二〇円

荘園研究の論点と展望　中世史を学ぶ人のために

鎌倉佐保・木村茂光・高木徳郎編

中世社会を学ぶ上で不可欠な荘園の理解。膨大な先学の研究蓄積と論点をいかにして把握すべきか。各地の荘園二一ヵ所を取り上げ、研究の現在地と史料状況を整理し、新たな課題を展望。荘園史の奥深い世界へと誘う。

B５判・三三六頁　四九五〇円

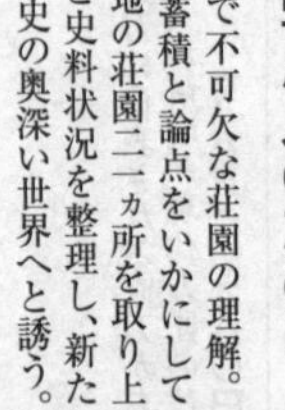

古代宮都と地方官衙の造営

小笠原好彦著

飛鳥時代から奈良時代の宮都と地方官衙は、どのように造営されたか。特に聖武天皇が造った宮都の構造を考古学的に検証し、また宮都の造営に不可欠な木材の調達を解明。さらに国衙・郡衙遺構から地方支配の実像を追う。

A5判・四〇〇頁／一二一〇〇円

遣唐使と古代対外関係の行方 日唐・日宋の交流

森 公章著

古代の対外関係の解明に不可欠な遣唐使。派遣に際し、朝廷や摂関家はどのように判断し、事業はいかなる経過を辿ったのか。遣唐使がもたらした文物や人的関係、廃止後の日宋関係など、古代対外関係史の全体像を究明する。

A5判・三四四頁／一〇四五〇円

日本古代財務行政の研究

神戸航介著

古代の租税とはいかなるもので、社会の変革期にどのように継授されたのか。賦役令の日唐律令比較や、租税免除制度、平安時代の財政再編成、受領統制制度などの検討を通じて、財務行政の具体像と歴史的展開を解明。

A5判・三九六頁／一三二〇〇円

中世荘園の検注と景観

髙橋 傑著

荘園領主が荘園現地の人々と向き合った検注。荘園の実像を伝える検注帳の分析や検注の様相から、荘園制の展開に迫る。上野国新田荘などを例にGIS（地理情報システム）を用いた新たな景観復原の方法を提示する。

A5判・四〇〇頁／一二一〇〇円

足利将軍家の政治秩序と寺院

髙鳥 廉著

足利将軍家を頂点とする政治秩序はいかに形成されたのか。公家・寺院社会における将軍家の地位を分析し、室町殿の立場や朝廷政務との関わりを解明。戦国期、蔭凉職の人事も検討して、将軍家の求心性を明らかにする。

A5判・三七四頁／九九〇〇円

中世曹洞宗の地域展開と輪住制

遠藤廣昭著

中世後期、在地領主から庶民まで受容された曹洞宗の地域展開を考察する。派祖開山の寺院を交代で護持する輪住制を分析し、仕組みや戦国大名との関わりなどを追究。曹洞禅僧・禅寺が地域社会に果たした役割を解明する。

A5判・四八八頁／一五四〇〇円

江戸無血開城の史料学

岩下哲典編

戊辰戦争さなか、江戸城は無血開城した。真の功労者は誰か。徳川家と新政府の間に立つ尾張・越前両藩、恭順か抗戦かで揺れる旧幕臣など、複眼的に情勢を追究。資料編とシンポジウムも付し、開城の真実・深層に迫る。

A5判・二八〇頁／六六〇〇円

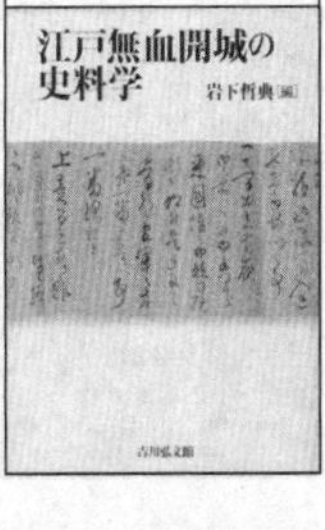

土芥寇讎記《どかいこうしゅうき》（新装版）

金井　圓校注

菊判・七三二頁／一六五〇〇円　『内容案内』送呈

元禄時代、二四三の大名の家族、系譜、略歴、領地、藩主の行跡・批評などを列挙した大名評判記。作者や目的は不明ながら藩政史料の少ない中小諸藩も論評した貴重な文献。新装復刊にあたり、判型を拡大し解説を付す。

近世庶民社会論　生老死・「家」・性差

大藤　修著　　A5判・三四四頁／一〇四五〇円

近世の村と町に暮らした人々を対象に、その生と死をめぐる諸事象と諸問題を考察。多様な視点から近世社会全体と国家についてアプローチを試みる。「ライフサイエンスとしての歴史学」の構築を目指す二部作の第一弾。

近世海産物の生産と流通　北方世界からのコンブ・俵物貿易

菅原慶郎著　　A5判・二二二頁／八八〇〇円

江戸中後期、長崎貿易で中国人向けの輸出商品だった北方産コンブやナマコ、アワビ。生産・加工から集荷・輸出までの流通システムや商品的特質を、生産者のアイヌ民族の実態と共に描き、特にコンブの重要性に目を向ける。

明治維新と〈公議〉　議会・多数決・一致

伊故海貴則著　　A5判・三六八頁／一一〇〇〇円

明治維新を画期に、政治的合意システムが「全会一致」から「多数決」へ移行していく。「公議」概念はどう変容し、制度として定着したのか。静岡県の事例を調査・検討し〈合意形成のあり方の変容〉を切り口に実態に迫る。

日本海軍の志願兵と地域社会

木村美幸著　　A5判・三三二頁／九九〇〇円

アジア・太平洋戦争期に急増した海軍志願兵。なぜ海軍は徴兵ではなく志願兵を必要としたのか。日露戦争後から敗戦まで、海軍の募兵制度の変遷を探り、各地の事例から兵士をいかに確保していったのか、その実態に迫る。

日本考古学　55

日本考古学協会編集――A4判・一〇〇頁／四四〇〇円

日本考古学年報　74（2021年度版）

日本考古学協会編集――A4判・二四〇頁／四四〇〇円

鎌倉遺文研究　第50号

鎌倉遺文研究会編集――A5判・一一四頁／二二〇〇円

戦国史研究　第84号

戦国史研究会編集――A5判・四八頁／七五〇円

交通史研究　第101号

交通史学会編集――A5判・一一二頁／二七五〇円

摂関政治最盛期の「賢人右府」
藤原実資《さねすけ》が綴った日記を待望の現代語訳化！

『内容案内』送呈

現代語訳 小右記 全16巻

四六判・平均二八〇頁／半年に1冊ずつ配本中

倉本一宏編

⑮道長薨去 【第15回】

万寿四年(一〇二七)七月～長元二年(一〇二九)十月 三五二〇円

三条天皇中宮であった妍子に続き、道長もいよいよ最期の時を迎える。その容態の情報収集に余念のない実資は、道長の死に対してどのような感慨を懐いたのであろうか。そして、関白頼通にとっても新たな時代が始まる。 三八四頁

好評既刊

❶三代の蔵人頭《くろうどのとう》
❷道長政権の成立
❸長徳《ちょうとく》の変
❹敦成《あつひら》親王誕生
❺紫式部との交流
❻三条天皇の信任
❼後一条天皇即位
❽摂政頼通
❾「この世をば」
❿大臣闕員騒動
⓫右大臣就任
⓬法成寺《ほうじょうじ》の興隆
⓭道長女《むすめ》の不幸
⓮千古《ちふる》の婚儀頓挫

❶～❺❾＝各三〇八〇円 ❻～❽❿～⓮＝各三三〇〇円

源氏・北条氏から鎌倉府・上杉氏をへて、小田原北条氏とつながる四〇〇年。対立軸で読みとく注目のシリーズ！

対決の東国史 全7巻 刊行中

四六判・平均二〇〇頁／各二二〇〇円 『内容案内』送呈

●既刊の5冊 ＊2刷

❷北条氏と三浦氏＊ 高橋秀樹著

武士団としての存在形態に留意し、両氏の役割と関係に新見解を提示する。

❸足利氏と新田氏＊ 田中大喜著

鎌倉期の両者には圧倒的な力の差がありながら、なぜ対決に至ったのか。

❹鎌倉公方と関東管領 植田真平著

君臣の間柄から〈対決〉へ。相克と再生の関東一〇〇年史。

❺山内上杉氏と扇谷上杉氏 木下 聡著

二つの上杉氏―約一〇〇年にわたる協調と敵対のループ。

❼小田原北条氏と越後上杉氏＊ 簗瀬大輔著

五つの対立軸から探り、関東平野の覇権争いを描く。

〈続刊〉
❶源頼朝と木曾義仲……長村祥知著
❻古河公方と小田原北条氏……阿部能久著

武者から武士へ 兵乱が生んだ新社会集団

森 公章著

四六判・三二八頁／二二〇〇円

武士はどのようにして誕生したのか。平将門の乱から源平合戦までの争乱を通じて、古代社会に登場した武者が、武士という新社会集団を形成し武家政権に発展させるまでを描く。武士誕生の歴史に一石を投じる。

奥羽武士団

関 幸彦著

〈2刷〉A5判・二二四頁／二四二〇円

陸奥・出羽の地で覇を競った武士たちの出自や活動、系譜などを解説した初の通論。中世を画する治承・寿永の乱と南北朝の動乱による影響、地域領主としての役割や経営基盤となった所領にも触れ、その盛衰を描く。

運慶 鎌倉幕府と三浦一族

横須賀美術館・神奈川県立金沢文庫編

B5判・一四四頁〈2刷〉／二二〇〇円

平安末期から鎌倉初期の大仏師運慶。奈良での造仏が知られるが、鎌倉幕府と結びついて東国でも活躍した。運慶とその工房作と見られる仏像を多数収め、鎌倉幕府と三浦一族の歴史と文化に迫る。共同特別展の公式図録。

里見義堯《よしたか》【人物叢書314】

滝川恒昭著

四六判・三二〇頁／二五三〇円

房総に一大勢力を築いた戦国大名。上総の要衝久留里城を本拠に、上杉謙信と連携して江戸湾支配をめぐり北条氏と対立。下総香取海にも侵攻し、東国の水運掌握を目論む。限られた史料をいかし、その軌跡と人物像に迫る。

黒田孝高《よしたか》【人物叢書315】

中野 等著

四六判・三六〇頁／二六四〇円

官兵衛、如水の名で知られる武将。秀吉に仕え、九州平定後は豊前での領国経営に尽力。家督を長政に譲った後も豊臣政権を支えたが、関ケ原の戦いでは徳川方に与して独自の戦いをおこなう。「軍師」とされた実像に迫る。

近世都市〈江戸〉の水害 災害史から環境史へ

渡辺浩一著

A5判・二四〇頁／三九六〇円

多くの水害に見舞われた本所・深川などの江戸低地。幕府の対策マニュアルや避難状況、災害復興の中長期的都市政策、埋立・堤防など人為的な自然環境の改変を解明。災害を自然と人間との相互関係として捉える注目書。

遠山景晋《かげみち》【人物叢書313】

藤田 覚著

四六判・三二八頁／二五三〇円

江戸後期の幕臣。名奉行遠山金四郎景元の父。目付・長崎奉行・勘定奉行等を歴任。蝦夷地・長崎・対馬と東奔西走し、対外政策の転換を最前線で担った。教養と人間味溢れた有能だが遅咲きの生涯を、対外関係史と重ねて描く。

東アジアの米軍再編 在韓米軍の戦後史

我部政明・豊田祐基子著

四六判・二七二頁／二九七〇円

戦後行われてきた東アジアの米軍再編。朝鮮半島情勢は米・韓・日の関係にどんな影響を与えたのか。在韓米軍の削減、韓国軍の作戦統制権をめぐる構図を解明。在日米軍との連動性を俯瞰し、東アジアの安全保障の道筋を探る。

人物叢書

日本歴史学会編集　四六判

徳川家康

藤井譲治著　二六四〇円

江戸幕府を開いた初代将軍。人質時代から「天下人」へ、七五年の激動の生涯を正確に描く。後世の顕彰や逸話によるイメージから脱し、一次史料から浮かび上がる等身大の姿に迫る。全行動が辿れる「家康の居所・移動表」を付載。

今川義元

有光友學著　二三一〇円

武田信玄

奥野高広著　二三一〇円

織田信長

池上裕子著　二五三〇円

定本 徳川家康

本多隆成著　四六判・三二〇頁／三〇八〇円

家康の生涯を「本拠」東海地域を中心に描く。三河の統一から武田氏との攻防、小牧・長久手、関ヶ原、大坂の陣に至る道程、家臣団と諸大名の動向、政治戦略を詳述。相次いだ新説も丁寧に検証した、家康論の決定版。

徳川家康と武田氏 信玄・勝頼との十四年

【歴史文化ライブラリー】

本多隆成著　四六判・二五六頁／一九八〇円

信玄・勝頼二代にわたる武田氏との抗争は、家康最大の試練だった。今川領国への侵攻から武田氏滅亡まで、新説をふまえて描く。信長、将軍義昭との関係、松平信康事件にも注目。苦難の時代を乗り越えた家康の前半生。

人をあるく 徳川家康と関ヶ原の戦い

本多隆成著　〈僅少〉Ａ5判・一六〇頁／二二〇〇円

覇権への命運を賭けて、天下分け目の合戦、関ヶ原の戦いに臨んだ徳川家康。勢力が拮抗する中で東軍を巧みに勝利へ導いた家康の指導力を、激動の生涯とともに描く。関ヶ原古戦場を訪ね、東西両軍の激戦に想いを馳せる。

信長と家康の軍事同盟 利害と戦略の二十一年

谷口克広著　【読みなおす日本史】四六判・二五六頁／二四二〇円

戦国群雄にとって、裏切りや謀反は当たり前で、信義関係など成り立たない時代。織田信長と徳川家康の同盟は、本能寺の変まで二十一年続いた。同盟が維持された理由と実体を解き明かし、天下統一につながる動きに迫る。

徳川家康公伝（新装版）

中村孝也著　Ａ5判・総一一一六頁／二七五〇〇円

家康没後三五〇年、日光東照宮の記念事業として編纂された伝記を新装復刊。家康の性格描写に注力し、歴史的環境とともに全生涯を総観する。詳細な年譜と、関連史跡や文書など豊富な図版も収めた、家康研究に必備の書。

東海の名城を歩く 静岡編

中井　均・加藤理文編　Ａ5判・二九六頁／二七五〇円

今川・後北条・武田・徳川ら、群雄が割拠した往時を偲ばせる石垣や曲輪が訪れる者を魅了する。静岡県内から精選した名城六〇を、西部・中部・東部に分け、豊富な図版を交えてわかりやすく紹介する。

●近刊

※書名は仮題のものもあります。

古代ゲノムから見たサピエンス史（歴史文化ライブラリー565）
太田博樹著　四六判／一九八〇円

まつりと神々の古代
笹生　衛著　四六判／二七五〇円

律令制諸国支配の成立と展開
鐘江宏之著　A5判／一一〇〇〇円

源頼政と『平家物語』埋もれ木の花咲かず
栃木孝惟著　A5判／三八五〇円

中世の裁判を読み解く（読みなおす日本史）
網野善彦・笠松宏至著　四六判／二七五〇円

藤原俊成（人物叢書318）
久保田　淳著　四六判／二五三〇円

中世社会と声のことば
酒井紀美著　A5判／一一〇〇〇円

天下人たちの文化戦略 科学の眼でみる桃山文化（歴史文化ライブラリー566）
北野信彦著　四六判／一九八〇円

日本古鐘銘集成（新装版）
坪井良平著　B5判／三三〇〇〇円

豊臣秀吉文書集 八 補遺・年未詳
名古屋市博物館編　菊判／八八〇〇円

永青文庫叢書 細川家文書 災害史料編（第二期完結）
熊本大学永青文庫研究センター編　A4判／二七五〇〇円

近世史を学ぶための古文書「候文」入門
佐藤孝之監修・著／宮原一郎・天野清文著　四六判／二二〇〇円

戦前日本の小麦輸入 1920～30年代の環太平洋貿易
大豆生田　稔著　A5判／一一〇〇〇円

箱根の開発と渋沢栄一
武田尚子著　A5判／四一八〇円

児童福祉の戦後史 孤児院から児童養護施設へ
本庄　豊著　A5判／三八五〇円

冷戦終焉期の日米関係 分化する総合安全保障
山口　航著　A5判／九九〇〇円

軍人・歴史学者・皇室の長老…。類い稀な足跡を残した昭和天皇の末弟一〇〇年の生涯の全記録。

三笠宮崇仁親王

菊判・一三七四頁
原色口絵二丁・口絵一六頁
〈2刷〉一一〇〇〇円
『内容案内』送呈

三笠宮崇仁親王伝記刊行委員会編

大正天皇の第四皇子に出生し、戦中は軍人、戦後は歴史学者、晩年は皇族の長老として類い稀な足跡を残した一〇〇年の生涯。確実な史資料を用いて日々の行動を詳述した実録と百合子妃の談話により、公私余すこと無く人間像に迫る。研究者・関係者の論考と、秘蔵写真約四〇〇点も収録し、一宮家の日常から皇室の近現代史が立ち現れる必備の史料。

有名・無名の謎めいた人物像から古代の魅力に迫る！

人物で学ぶ日本古代史 全3巻

新古代史の会編
『内容案内』送呈

人物を通して古代史を読みとくシリーズ。気鋭の研究者が最新の成果をふまえてわかりやすく解説。これから古代史を学ぼうとする人にはもちろん、もっと知識を深めたい人にもおすすめ！

A5判
平均二八二頁
各二〇九〇円

古墳・飛鳥時代編 卑弥呼、ヤマトタケル、聖徳太子、額田王、大生部多、余豊璋…。

奈良時代編 聖武天皇、長屋王、行基、坂上郎女、吉志火麻呂…。

平安時代編 桓武天皇、空海、平将門、安倍晴明、紫式部、阿弖流為、壬生福正…。

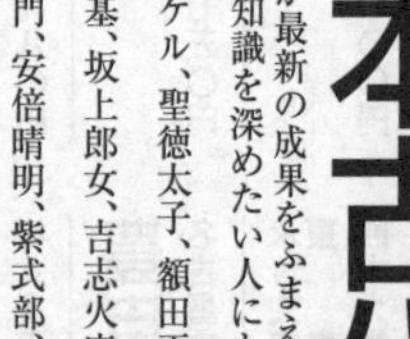

予約募集

家からみる江戸大名 全7冊

【3月刊行開始】
〈第1回配本〉徳川将軍家
総論編……野口朋隆著

A5判／予価各二二〇〇円

右八種の物等、もとはこれ金剛智阿闍梨、南天竺国《てんじくこく》より持ち来って、大広智（不空）阿闍梨に転《てん》付《ぷ》す。広智三蔵、また青龍の阿闍梨（恵果和尚）に転与す。青龍の和尚、また空海に転賜す。これすなわち伝法の印信《いんじん》、万生（あらゆるもの）の帰依するものなり

師資相承の意義

この説明文によると、神秘的な遺品である仏舎利や、携帯用の念持仏龕《ねんじぶつがん》、さらには白い法螺貝《ほらがい》（シャンカ）などは、当時の密教者としては必要ではあるが、非常に貴重で簡単には入手できないものであった。だからこそ、最も重要な付法の弟子だけに託したのであり、その場合の付嘱（代々授与）の系譜も、先のマンダラと祖師図の場合と同様、

金剛智――不空――恵果――（空海）

となっていることがわかる。

歴史学的に精査すると、不空三蔵が七十歳で遷化《せんげ》したとき、まだ二十九歳であった恵果和尚に直ちにこれら八種のものをすべて伝えたのではないだろう。しかし、元来は仏陀の真骨を意味した仏舎利は、いつしか仏法の神秘的な象徴となり、空海以後のいわゆる入唐八家《にっとうはっけ》の多くも競って日本へ持ち帰っている。

また、最後に列挙される白螺貝（白い法螺貝）は、のちに種類の違う代用品（白くない貝）が用いられたが、元来は南インドに産する純白の巻貝シャンカであり、インドでは縁起のいいものとして知ら

れ、ヴィシュヌ神（密教では那羅延天《ならえんてん》）の持ち物としても珍重されている。

これらのインド古来の要素を含む貴重品が、師から弟子へ脈々と伝えられる伝法の象徴（伝法の印信）として恵果から空海に授与されたことは、空海の請来した品々の豊富な内容とともにその基盤となった密教の広がりと深さを示している。

第六章　虚しく往きて実ちて帰る――新情報とツール

「もの」を介する密教

感激と感謝のうちに、中国密教の巨匠・恵果和尚《けいかわじょう》から生命の最後の灯を燃焼させた伝授を受けた空《くう》海《かい》は、恵果自身からも、健陀縠子袈裟《けんだこくしのけさ》をはじめ、碧瑠璃供養鋺《へきるりくようわん》などの日常の供養具を与えられた。このうち、国宝に指定されている健陀縠子袈裟は、現在も東寺に伝存しており、正月の後七日御修法《ごしちにちみしほ》に大阿《だいあ》（導師）が着用する規定になっている。七つの条（縦長の七枚）からなるこの七条袈裟《しちじょうけさ》は、詳細にいえば、袈裟・横被《おうひ》・修多羅《しゅたら》・組み紐から成っており、典型的な中国・日本風の衲衣《のうえ》袈裟である。捨てられた布片をはぎ合わせて着用するインドの糞掃衣《ふんぞうえ》の外見をとっているが、実際は絹糸を用いた綴錦《つづれにしき》に、緯糸《よこいと》を刺子《さしこ》状に織り込んだ唐代随一の絶品である。

傍論になるが、仏教の僧が着る袈裟は、抽象的な思想・教理ではなく、日常着用する必需品であるだけに、灼熱の国・インドと温暖の国・中国では、文化風土の違いもあって大きく変化した。一枚の布で身体を覆うインドと、衣と袈裟が分離し、重ね着をせざるを得ない中国とでは、その違いはあまりにも大きい。恵果が空海に与えた袈裟は、その起源をインドに持ちながら、完全に中国化した袈裟であった。つまり、インド起源の密教であっても、中国という大きな文化圏を通過することによって非常に変化・変質することを示している。

両部密教の秘法を授けられた空海は、お礼として袈裟と手香炉《しゆごうろ》（手に持つ香炉、柄香炉《えごうろ》ともいう）をささげたようである。それは「青龍《せいりゆう》の和尚に衲《のう》の袈裟を献じる状」という文によって知ることができる。

空海、幸いに洒掃《せいそう》（ふき掃除の弟子たち）にまじわって甘露《かんろ》（最高の教え）を沐《よく》することを得たり。

（中略）

鴻沢《こうたく》（広大な恩恵）を報ぜんと欲するに、一の珍奇（珍しいもの）なし。ただ麁衲《そのう》の（素朴な）袈裟、雑宝の（七宝《しつぽう》をちりばめた）手鑪《しゆろ》のみあり。もって丹誠《たんせい》（まごころ）を表す。伏して願わくば、慈悲、領《りよう》を垂れたまえ（受け取ってください）。

日本国学法の弟子、苾蒭《びくしゆ》（比丘《びく》）空海、稽首和南《けいしゆわなん》（敬って申し上げます）

先の『請来目録《しようらいもくろく》』に記す品物がいつ空海に与えられたのかは明らかでないが、おそらくは八月に最後の伝法灌頂《でんぽうかんじよう》が終わったあと、恵果が主に手配したものが中心を占めている。

それ以前に、まず空海は伝法灌頂に際して、師の恵果の寺である青龍寺、不空三蔵《ふくうさんぞう》の寺であった大興善寺などの五百人の僧俗に感謝のお斎《とき》（食事）の接待をしている。実際に灌頂伝授の世話をしていただいた青龍寺だけではなく、不空の寺であった大興善寺の僧俗をも招待していることは、空海がすでに長安密教の要人のネットワークを押さえていたことを意味している。

先に掲げた文のように、直後、空海は授法に対する感謝の気持ちを込めて、袈裟と柄香炉を師に献上した。それらが日本から持参したものか、あるいは長安で求めたものか、いまは知るよしもないが、真心のこもった文とともに空海の真情を吐露している。

このような慣習は、実は現在にも継承されており、灌頂を受けた弟子に対し、師は念珠などの法具を贈り、弟子は感謝の贈り物をする。それは、ある意味では永遠なる法（真理）が師から弟子へという、人から人へ伝えられる喜びを表現したものであるが、『請来目録』にあるように、多数の経典や仏像・仏画・法具が師から弟子に伝達されることは、ほかの禅や浄土などの撰択型（一つのものを選びとる）の仏教とは異なり、聖俗一致の体験によって法を伝えようとする密教は、多くの「もの」を必要とするということだ。

空海の経済的な後ろだて

そこで、少し形而下的な話題になるが、しばしば問題となるのが、空海の経済的基盤は何であったかという点である。

師の恵果に対する謝礼は、ほかの異国の弟子、あるいは兄弟弟子、たとえば訶陵国《かりょうこく》（ジャワ）の僧・弁弘《べんこう》は、別に七宝の灌頂の瓶や銅鉢《どうはつ》などを献上しているので、決して空海だけの大盤ぶるまいではなかったようだ。また、平安前期の法令集である『延喜式』によると、留学生《るがくしよう》・留学僧《るがくそう》に紬《つむぎ》四十疋《ひき》、綿二百斤《きん》などが支給されていたようなので、多少の資金的余裕はあったものと思われる。

しかし、空海が五百人（誇張もあろうが）に布施したお斎、さらには多くの写経生などを動員して行なった経典筆写、その他の各種典籍《てんせき》の入手は、たとえ師の恵果のはかりがたい厚意があったにせよ、決してすべて無料つまり喜捨《きしや》（寄贈）されたものではなかったはずである。

こうした空海の経済的基盤、あるいは支援した庇護者については、残念ながら言及した文献は残されていない。宗教的・信仰的立場からは、師の恵果の温かい思いやりと周囲の人々の奉仕と尽力によって、膨大な量の経典や仏具を持ち帰ったとも考えられないことはない。同様の問題は、あとに続く円仁《えんにん》・円珍《えんちん》・宗叡《しゆえい》などの入唐僧《につとうそう》がどのように対応したかをあわせて検討しなければならないが、空海の場合は、その入唐の事情からして非常に破格である。

そこで最初に考えられるのは、世俗的な発想だが、私度僧《しどそう》として都を飛び出した空海とはいえ、出身の佐伯氏《さえきし》や関連の大伴氏《おおともし》とも関係を持ち続けており、急な入唐においても、そのあと押しを得るとともに資金面等でもそれなりの援助を得ていた、ということである。伊予親王《いよしんのう》もその代表例であったと考えられる。

第二は、フィクションではあるが、中国での空海を描いた陳舜臣氏《ちんしゆんしん》の『曼陀羅の人』（ＴＢＳブリタニカ、一九八四年）に取り上げられた中国人官僚の援助である。たとえば、寒門《かんもん》（名門ではない家柄）

の出でありながら、徳宗《とくそう》の時代に仏教の関係を取り扱うことによって出世し、般若三蔵《はんにゃさんぞう》の翻訳に貢献した王淑文《おうしゅくぶん》などをあげることができる。

残念ながら、仏教に比較的冷淡であった中国の史料からは、王淑文と空海の直接の関係を証明はできないが、陳氏は、晩年失脚が決まった王淑文が、恵果から灌頂を得て日本へ帰りゆく空海にせめてもの尽力をした模様を描いている。

確証はないが、般若・恵果の周辺の重要人物として可能性は捨て切れない。

金属史観上の空海

第三は、近年隠れた人気を集めている、世にいう「金属史観」である。これは、歴史的な出来事や現象の奥には、それを財源的に支えた金・銀・銅・水銀などの金属とそれを扱える集団、そしてそれらがもたらす財力があったという見解である。

空海が青年期に、非常に気楽に、かつ積極的に南奈良、南紀、四国の山野を駆けめぐったのは、単に大自然の中で自由に山林修行に励んだというだけではなく、そこに豊富に産出する金・水銀・銅などの採掘と関係する山師の財力とネットワークがあったからではないかとする。

また、入唐に際しても、密教と関連の深い錬金術の情報収集も視野に入っており、空海も国が支給する以外の砂金などの財源を所持していた可能性をあげる。

確かに、当時の日本は現在のわれわれが想像する以上に多量の砂金等を産出していた。のちに空海が下賜《かし》を願い出る高野山《こうやさん》のふもとに、水銀と関係を持つとされる丹生氏《にうし》の丹生神社があることもあまねく知られている。地学的にいうと、紀ノ川・吉野川の流域を含むいわゆる中央構造緑地帯と空海の活動ラインは比較的一致している。

この種の方面には歴史的な文献資料が乏しいので、可能性をあげるにとどめるが、宗教情報だけではなく、人文、社会、そして自然の諸科学にもかかわる世間情報にも通じていた空海であるから、物質的な保証も念頭に入れていたものと思われる。

恵果との別れ

先には、「空海の財源」という非常にリアルな問題を推測を交えながら論じたが、いくら財力があっても、真理は金で買えるものではない。やはり師と弟子が出会い、そこに聖なるエネルギーの交流がなければならない。禅的な言い方をすれば、以心伝心という表現があてはまる。

三カ月に及ぶ両部密教の伝授に生命の灯を燃やした恵果は、マンダラや祖師図《そしず》、そして法具などを発注したあと、あたかも抜けがらとなったように病の床についた。一方、空海は悲しみを胸に密教資料の蒐集に励み、経典等の書写にも加わったものと思われる。

現在、京都・洛西の名刹仁和寺《にんなじ》に伝わっている国宝の『三十帖冊子《さんじゆうじようさつし》』は、三十冊から成る経典ノートであるが、わが国で現在最古ともいうべき冊子様《さつしよう》（粘葉《でつちよう》仕立て）の書籍であり、この時期に書写されたものであろう。

内容は、ほとんどが新訳（不空訳と般若訳）の密教経典であるが、写経生のほか、空海自身、さらには同じ遣唐使節として入唐し、以後くしき縁を持つことになる橘逸勢《たちばなのはやなり》の手（筆）も認められるという。

永貞元年（八〇五）、十二月十五日、哀れなるかな、師の恵果は六十歳の意義ある生涯を終えた。空海は『請来目録』において、

去《い》んじ年の十二月望日《ぼうじつ》（十五日）、蘭湯《らんとう》（蘭をひたした湯）に垢を洗い、毘盧遮那《びるしゃな》（大日《だいにち》）の法印《ほういん》（法界定印《ほっかいじょういん》）を結んで、右脇（を下）にして終《おわ》んぬ

と静かに告げている。

さらに、『広付法伝』（巻二）では、

永貞元年、歳次乙酉《きのととり》十二月十五日に至って、告《つ》ぐるに微疾をもってして、この終りあることを示す。京都（長安城）の青龍寺東塔院に殁《おわ》んぬ。元和元年正月十六日に城東（長安城の東外部）に葬る

と埋葬まで記す。

落日の中国密教を背負ってきた恵果は、入寂《にゅうじゃく》の半年前に待望久しい異国の大器・空海にめぐり会い、消えかかっていた密教の灯を授けた。中国にあっては、もう一人の両部付法《りょうぶふほう》の弟子である義明供奉《ぎみょうぐぶ》に金胎《こんたい》の秘法を伝えていた。空海もこの兄弟弟子の義明と言葉を交わしていたものと思われるが、空

海の帰国後、三十数年後に、中国密教に壊滅的打撃を与えた会昌《かいしょう》の法難が勃発し、青龍寺も甚大な被害を受けたのである。

恵果の亡骨は、荼毘《だび》に付されたあと、長安の東の龍原にある不空三蔵の墓塔の傍らに葬られた。空海は、先述のように『大唐神都青龍寺、故三朝《もとのさんちょう》の国師、灌頂の阿闍梨《あじゃり》恵果和尚の碑』という長文の碑銘を残した。石碑そのものは現存していないが、『性霊集《せいれいしゅう》』第二巻に収録されている。

恵果の遺言

そこで重要なのは、恵果和尚が入寂した夜の夢中に、師が空海に告げた次の言葉である。

汝いまだ知らずや、われと汝と宿契《しゅくげい》（前世からの契り）の深きことを。多生《たしょう》（多くの生涯）の中に相いともに誓願して密蔵（密教）を弘演《こうえん》す（広める）。彼此《ひし》（相互に）代々師資（師と弟子）となること、ただ一両度（一、二回）のみにあらず。

（中略）

受法、ここに畢《おわ》んぬ。わが願いも足んぬ。汝は西土にして（中国で）わが足を接す。われは東生して（日本で）、汝が室（弟子）に入らん。久しく遅留《ちる》すること莫《なか》れ。われ前に在って去らん

現代でも重要な人物の葬儀には数多くの追悼文が寄せられるように、ほかに恵果和尚の歎徳文（追悼文）には、元和元年（八〇六）正月三日の記を持つ俗弟子・呉慇《ごいん》の『恵果阿闍梨行状《ぎょうじょう》』『碑銘』がある。

したがって、空海の『碑銘』が多くの恵果門下の唯一の歎徳文（追悼文）ではないにしても、最後の弟子として中国でも評価されていたことは事実だろう。

それよりもたいせつなのは、空海が恵果の夢告を強調するように、二人の師弟のつながりは、時間と空間を超えた宗教的いのちの流れを感得するものであった。そのヒントは、空海も言及するように、『金光明最勝王経《こんこうみょうさいしょうおうきょう》』に説かれる妙幢《みょうどう》菩薩《ぼさつ》の金鼓《きんこ》の夢を意識したものかもしれないが、空海の唐突ともいえる入唐と長安での師との出会いは、すべて秘門（密教）の伝授と日本への請来《しょうらい》に運命的に集約されるものであった。

のちに「恵果の遺誡《ゆいかい》」と呼ばれる次の文章は、空海の『請来目録』に引用されている。

> 今すなわち、法のありとし、有るを授く。経像（経典と仏像）、功《つとめ》おわんぬ。早く郷国《きょうこく》（日本）に帰り、もって国家に奉じ、天下に流布して蒼生《そうせい》（人々）の福《さいわい》を増せ。しからばすなわち四海（世界）泰《やす》く、万人楽しまん。
>
> これすなわち、仏恩《ぶつおん》を報じ、師徳を報じ、国のためには忠、家においては孝あらん。義明供奉は、この処（中国）にして伝えん。汝はそれ行きて、これを東国（日本）に伝えよ。努力《つとめ》よ、努力よ

この文は、夢の感得とは異なり、恵果の意志を示した最後の言葉として空海に決定的役割を果たした。確かに国を守り、人々に安寧を与える新しい思想として密教は新天地を求めていたし、日本はそ

れを受容する条件が整っていたのである。

当時の日本と中国の歴史状況を十分に理解した空海は、師の恵果との宗教的つながりを契機として、あえて定められた留学期間を切り上げるという闕期《けつご》（無断帰国）の罪を犯しても帰国を決意することとなったのである。

有名な「虚《むな》しく往《ゆ》きて実《み》ちて帰る」という言葉は、手ぶらで出かけて、たくさんの重要なものを持ち帰るという意味である。法を惜しまなかった恵果を讃《たた》えた空海の名句であるが、彼自身の偽らざる実感であった。なお、ヒントとなる言葉は、玄奘三蔵《げんじようさんぞう》（三蔵法師）の記録に認めることができる。

いざ帰国へ

空海は、先掲の『碑銘』において、恵果との他生《たしよう》の縁（生まれ変わり、死に変わって師弟となること）を強調するが、そこには日本で密教を広めるという大前提が存在している。入唐以前から空海が求めていた金剛一乗《こんごういちじよう》、つまり意義と威力のある密教を幸いにして恵果和尚から受法することができた。もはや恵果亡き中国でいたずらに月日を送るよりは、早く日本へ帰ってその密教の威力と功徳を広めることがたいせつである。

そこに天が味方したのか、思わぬ使節が日本から到着した。中国歴代王朝の正史の一つである『旧《く》唐書《とうじよ》』巻一九九上の「東夷伝《とういでん》」には、

元和元年（八〇六）、日本の国使判官、高階真人《たかしなのまひと》上言す。前の件《くだん》の学生《がくしよう》（橘逸勢と空海）、芸業

稍々《しょうしょう》成り、本国に帰らんことを願う。すなわち臣と同じく帰らんことを請《こ》うと。これを従《ゆる》すとある。

この遣唐判官・高階遠成《とおなり》の来朝は、従来、通例の遣唐使節の中にはカウントされていない。別の何らかの目的のために派遣されたことは明らかであるが、これまで必ずしも十分に検討されなかった。しかし、歴史資料を用いる最近の研究によって、前回の藤原大使によって報告された徳宗皇帝の崩御にともない、新たに即位した新帝・順宗《じゅんそう》への朝貢礼謁《ちょうこうらいえつ》のためであったことなどの説が提唱されている。

高階判官がいつ頃長安に到着したかは定かではないが、徳宗のあとを継いだ順宗は、病気のため政務をとることができず、わずか半年で憲宗《けんそう》に禅譲した。礼謁して慶賀すべき皇帝が、父の順宗から子の憲宗に代わったが、結果的には入唐の目的を果たしたといえよう。

この千載一遇の好機に、情報に敏感な空海は、早速、高階判官に「本国の使に与えて共に帰らんことを請う啓《けい》」（『性霊集』第五巻）を上表し、帰国の申請を行なった。先の『旧唐書』の記述は、それを受けて唐朝が許可を与えたものである。

空海はこの「啓状」の中で、インド僧の般若三蔵と宮中護持僧の恵果阿闍梨から「かの甘露を仰《あお》ぐ」と高らかに宣言している。甘露とは不死の妙薬であり、当然「密教」のことを指す。

そして、「大《たい》悲《ひ》胎蔵《たいぞう》・金剛界大部の大曼荼羅《だいまんだら》」など両部の意義を強調した要約として、

この法は、すなわち仏の心、国の鎮めなり。氛《ふん》（わざわい）を攘《はら》い、祉《さいわ》いを招くの摩尼《まに》（宝珠）、

凡《ぼん》（世俗）をまぬかれ、聖に入るの嘘径《きょけい》（近道）なり

と述べて、この金胎《こんたい》両部から成る密教が、攘災招福《じょうさいしょうふく》、つまり災いを取り除き、幸福をもたらすという現実の功徳とともに、瑜伽密教《ゆがみっきょう》の特徴であるこの身における聖俗一致の実現（のちに体系化される即身成仏《そくしんじょうぶつ》）を前面に打ち出している。

十年の功を一年で得る

賢明な空海は、先に、留学僧としては「限るに廿年を以ってし」と述べているように、規定としては二十年の留学を義務づけられることは知っていた。しかし、幸いに実質二年間の中で恵果と般若より得た密教は、途中で帰国する「闕期の罪」を補ってあまりあることを次のように弁明する。

十年の功、これを四運《しうん》（四季、つまり一年）に兼ね、三密《さんみつ》の印、これを一志に貫《つらぬ》く（心に体得した）。この明珠《みょうじゅ》（すばらしい宝）を兼ねて、これを天命に答せん（天皇に答えたい）

「十年の功を一年で得た」というのは空海のレトリックであって、実質は二十年の留学期間を二年で切り上げることになるが、空海には恵果の遺言があったとともに、時代の趨勢《すうせい》を見る日があった。結果的に見れば、このとき高階遠成と無理にでも帰国していなければ、次回の正式の遣唐使は、空海入定《にゅうじょう》（逝去）三年後の承和《じょうわ》五年（八三八）であり、空海の名前と教えは歴史の上に刻まれていなかったに違いない。

なお、このとき同じ遣唐使節で入唐した留学生の橘逸勢も、便乗して帰国することを申し出ている。

その帰国申請を空海が代筆したのだが、それが「橘学生《きつがくしよう》の為に本国の使に与うる啓」（『性霊集』第五巻）である。その内容はかなりシビアで、語学力がない逸勢は十分な学習ができないまま学資（学費）が尽きたとある。

この橘逸勢と空海の関係は、後世ともに書の三筆と言われたにもかかわらず、空海の著作や文章で言及されるのはこの啓（上表文）だけである。もっとも、空海が写し帰った密教経典のノート『三十帖冊子』には、逸勢の応援写筆もあったという。かつて、東映で映画「空海」（早坂暁脚本、北大路欣也主演、一九八四年）を作った際には、空海に従う三枚目の役割をしていたのを覚えている。

ただ、情報家・空海が人脈ネットワークを重視したことは何度も強調してきたごとくである。歴史上再び橘逸勢が登場するのは、哀れなことに、いわゆる承和の変（八四二）に連座して皇太子の恒貞《つねさだ》親王《しんのう》（大覚寺初代門跡の恒寂《ごうじやく》法親王）のブレーンであった伴健岑《とものこわみね》とともに失脚したときであり、とくに逸勢は遠江《とおとうみ》（静岡県）で非業の死を遂《と》げたのである。

まさに波乱の生涯であったが、一介の下級文官の逸勢が、政変に敗れたとはいえ、嵯峨上皇《さがじようこう》の親王のブレーンになれたのは空海の影響と考えられないこともない。

越州滞在と帰朝

用意周到と臨機応変の行動計画が実施されると、勝負の早い空海は、交遊のあった青龍寺、西明寺《さいみようじ》などの僧侶や長安の文人墨客と別れを惜しんだのち、元和元年（八〇六）の晩春に長安を離れたと思われる。

江南の要衝・越州に着いた空海は、同地の節度使に書状をしたため、長安では蒐集し得なかった内外（仏教とそれ以外）の経書典籍を請い求めている。空海と同時に入唐した最澄《さいちょう》は、長安ではなく、天台大師《てんだいだいし》の故山・天台山に向かったが、帰国前に立ち寄った越州で、たまたまこの地に来ていた泰嶽・霊巌寺《れいがんじ》の順暁《じゅんぎょう》阿闍梨と出会い、密教の灌頂を受けるとともに、契印《げいいん》・法文《ほうもん》等の伝授を得た。あわせて、百二部百十五巻の経文等を入手している。

中国語ができ、情報収集感覚の優れた空海が、越州の密教の拠点・龍興寺へ足を運んだかどうかは定かではない。もしそうであれば、一年前に、最澄とその侍者の義真《ぎしん》がこの地で順暁阿闍梨から三部三昧耶《さんまや》の灌頂を受けたことを聞き及んだかもしれない。

ただ、空海は長安で恵果から得た両部の密教と、般若を通して身につけた護国の密教に絶大なる自信と確信を持っていたことは疑いなく、このような情報の格差がのちに最澄と空海の接近と離反を生み出すことになるのである。

その年、すなわち唐の元和元年（八〇六）、わが国の大同元年八月に、空海は高階判官や橘逸勢らとともに明州（現在の浙江省《せっこうしょう》）の港を出帆し、懐かしの日本へ向かった。

帰途の航海も、往路と同様に海が荒れて難渋したらしい。遣唐使節の渡海の時節の問題点と、船舶の構造的問題点はすでに指摘されているが、確かに命をかけた大事業であり、のちに小野篁《おののたかむら》や菅原《すがわらの》道真《みちざね》が政治的な意味も含めて忌避したり拒否したというが、あながちその弱気を責めるわけにはいくまい。

帰路の模様について、『高野雑筆集《こうやざっぴつしゅう》』所収の空海撰とされる書状に、次のようにある。

　空海、大唐より還《かえ》るとき数々漂蕩（漂流）に遭うて、聊《いささ》か一つの少願を発す。帰朝の日、必ず諸天の威光を増益し、国界を擁護し衆生《しゅじょう》を済《すく》わんがために、一の禅院を建立し、法によって修行せん。願わくば善神護念し、早く本岸に達せしめよ

この書状は、弘仁《こうにん》七年（八一六）六月十九日に、朝廷に対して高野山を修禅《しゅぜん》の道場として請《う》け乞《こ》う上表文に添えて、当時の宮内省主殿寮《とのもりょう》助《のすけ》の布勢海《ふせのあま》にあてた私信である。内容から判断すると、「一の禅院を建立し、法によって修行せん」という文章が主眼点であり、高野山の下賜を願う根拠の一因として、帰国時の暴風雨による難破の危険にさらされた際に、神（文章では「善神」）に祈願した結果、その恩に報いることもあって高野山に一禅院を建立するというコンテクストになる。

いささか後世の人為的色彩が感じられないこともないが、のちに『高野大師行状図画《こうやだいしぎょうじょうずが》』などに説かれる、明州の近辺から三鈷杵《さんこしょ》（密教法具の一種）を投げてそれが密教宣布相応の地である高野山に飛行したという、世にいう「飛行三鈷《ひぎょうさんこ》」の伝説の刺激剤となった可能性もある。

また、より後代の伝説と思われるが、現在高野山の南院に伝えられている波切り不動や、同じく高野山に伝わる船中涌現観音像《せんちゅうゆうげんかんのんぞう》は、いずれも聖人の帰朝と聖地の成立を物語るものではあるが、とも

かく空海の帰国によって新しい密教の縁ができあがってきたのは事実である。

第七章　雌伏の日々——蓄えられたエネルギー

波乱の帰国

なにごともそうであるが、生涯の軌跡において行為者が主体的に決断して果敢な行動をとっても、それに対応する相手とその背景を形成する政治体制・社会体制が積極的に反応しないことがある。とくに歴史のうえで名をなした人は、大部分が新しい価値を創造したり見いだした先駆者であり、現代風にいえば「早すぎた人」である。したがって当時の体制や社会においてははじめからもろ手を上げて大歓迎されることはほとんどなく、最初は逆風に立ち向かい、雌伏の時をすごさざるを得ないのが通例といっても過言ではない。

先章で触れたように、空海《くうかい》が国家から課せられた二十年の留学期間を正味二年で勝手に切り上げ、折よく入貢した礼謁使《らいえつし》の高階遠成《たかしなのとおなり》とともに無断で帰国したことは、結果的には大英断であり、大げさにいえば天祐《てんゆう》（天の助け）であった。歴史の結果を見れば、次回の遣唐使節が実際に入唐《にっとう》したのは、空海没後の承和《じょうわ》五年（八三八）であり、ほかの渡航手段がほとんどない当時としては、空海もかつての阿倍仲麻呂《あべのなかまろ》のようにむなしく異国の土となっていただろう。

空海が帰国した正確な記録はないが、『弘法大師御行状集記《こうぼうだいしごぎょうじょうしゅうき》』や『橘逸勢伝《たちばなのはやなりでん》』などによれば、大同元年（八〇六）八月、空海と橘逸勢は、高階遠成らとともに明州を発して帰国の途についている。その船がいつ頃日本にたどり着いたか、詳しい記録は存在していない。しかしその年の三月、ちょうど空海たちが長安をたつ頃、平安の都を開き、新しい政治を目指した英帝・桓武《かんむ》天皇は七十歳の波乱の生涯を閉じた。すぐさま皇太子の安殿親王《あてしんのう》が平城《へいぜい》天皇として即位し、年号も五月十八日から大同と改まった。空海たちは上陸後その話を聞き、驚いたことだろう。

『請来目録』の上表

無事の帰国を大喜びする暇もなく、空海にはなすべき一大事があった。それは無許可の帰国を朝廷に認めてもらうとともに、天・地・人の好運に恵まれて持ち帰った新密教を天下に宣布することであった。

そこで、二つの目的を持った渾身の上表文と自ら請来《しょうらい》した品々の目録を、都に報告に上る高階遠成に付託した。いわゆる『請来目録《しょうらいもくろく》』である。その日付けは大同元年十月二十二日、空海が筑紫の太宰府で一息をついた頃であった。従来、その名称から経典や曼荼羅などを列挙した単なる目録の印象を持たれやすいが、各項目には要約文が付されている。冒頭には「新請来の経等の目録を上《たてま》つる表」という上表文があり、空海が幸いに得がたき密教を受法したこと、また禁を破って中途帰国したが、むしろ持ち帰った成果の内容に注目してほしいことを、以下の名文をもって懇請している。

今すなわち、一百余部の金剛乗教《こんごうじょうきょう》（すぐれた密教経典）、両部の大曼荼羅海会《だいまんだらかいえ》（多数のほとけのマンダラ）、請来して見《けん》に致《いた》る。波濤漢にそそいで、風雨船《ふね》を漂《ただよ》わすといえども、かの鯨《げい》海《かい》（大海）を越えて、平《たいら》かに聖境（日本）に達せり。

（中略）

聖（天皇）にあらずんば、誰か測らん。空海、闕期《けつご》（無断帰国）の罪、死して余《あまり》ありといえども、ひそかに喜ぶらくは、得難きの法を生きて請来せることを。

一懼一喜《いっくいっき》（おそれ半分、喜び半分）の至りに任《た》えず（後略）

禁を犯しても、国を益する教えを伝えたという空海の自負と一抹の不安が読み取られる名文である。

急な入唐と連なる空海の一世一代のかけともいうことができる。

だが、空海の高尚な意気込みもむなしく、都の朝廷からは何の連絡もなかった。空海は長安の日々よりも長い年月をむなしく九州などですごさざるを得なかったのである。

九州での待機

平城《へいぜい》天皇が意識して空海の入京を許さなかったとすれば、その根拠の一つに、大同二年（八〇七）十一月に勃発した伊予親王《いよしんのう》の幽閉・自害事件がある。伊予親王は桓武の子であるが、平城・嵯峨《さが》とは異母兄弟で、母は藤原吉子《ふじわらのよしこ》。内向的で人一倍猜疑心の強い平城とは異なり、才気に富んだ明朗な人格であったといわれている。実際、先帝在世中はその愛顧を一身に受け、中務卿《なかつかさきょう》の職にあって皇族の中でも重きをなしていた。先に空海の急な渡航に対して政治的後ろだての一人として伊予親王をあげる説のあることを紹介したが、かつて空海の母方の伯父である阿刀大足《あとのおおたり》が同親王の侍講《じこう》（個人教師）をしていたので、事件当時は浄村豊成《きよむらのとよなり》に侍講が代わっていたとはいえ、伊予親王と空海は私たちが考える以上にかかわっていたかもしれない。

『日本紀略』大同二年十月辛巳《かのとみ》の条によれば、伊予親王は謀叛の首謀者として、その母・吉子とともに飛鳥の川原寺《かわらでら》に幽閉された。親王母子は飲食までも止められ、同年十一月十二日、ついに毒薬を仰《あお》いで自らの命を絶っている。兄の平城天皇の理不尽な処遇に対する精いっぱいの反抗といえようか。

なお、近年注目を集めた『弘法大師行化記《こうぼうだいしぎょうけき》』に見られる次の記事、すなわち、大同二年の四月二十九日に、太宰府は観世音寺の三綱《さんごう》（寺を管理する三役）に牒《ちょう》を下し、入唐廻来学問僧《にっとうかいらいがくもんそう》という奇妙な名称の空海を入京の日までしばらく観世音寺に止住せしめ、他例に准じて供養すべきことを命じたという内容をそのまま信頼すると、都からいっこうに入京許可の来ない空海に対して、出先の太宰府も処遇に困り、とりあえず観世音寺にとどめおいたということになる。

もっとも、同年の十月になっていわゆる伊予親王の変が生じたので、もし実際に影響があったとすれば、それ以後さらにしばらく入京が見合わされたことになる。

空海が入京を許されなかった理由の第二に、一年前に帰国した最澄《さいちょう》が先に密教を紹介し、延暦《えんりゃく》二十四年（八〇五）には洛西の高雄山寺《たかおさんじ》において（胎蔵法《たいぞうほう》の）灌頂《かんじょう》を行なうだけでなく、九月には宮中において毘盧遮那法《びるしやなほう》をはじめて修法《しゆほう》したことがある。好奇心の強い桓武帝は、天台の論書よりも皮肉にも新来の密教に関心を示したという。

これに関して、最澄、あるいはその弟子、さらには最澄シンパの役人たちが、空海の『請来目録』を最澄の密教を揺るがすものと心配してあえて黙殺したとする解釈がある。しかし、これはいささか最澄側に失礼であろう。

なぜならば、平城天皇の時代には、最澄の天台宗すら決して厚遇されておらず、むしろ平城帝が退位して、弟の嵯峨天皇が即位してすぐに最澄の空海への典籍《てんせき》借用依頼がはじまることを考えると、むしろ空海の密教データベースともいうべき『請来目録』の意義を最初に認知したのが最澄自身であり、決して後発者を弾圧したのではない。

おそらく、空海に三年近くも入京の許可が下りなかったのは、一つには空海も恐れていた闕期（無断帰国）の罪のほかに、平城天皇の無気力な復古政策にあったものと考えたい。新進の天台宗に期待したり、最澄がたまたま越州で受法した密教にすぐに反応を示した進取の性格の桓武帝とは相違して、実子とはいいながら、平城は万事消極的であった。

それのみならず、後世、悪女と指弾される藤原薬子《ふじわらのくすこ》の色香に迷ったこともあり、政治はおろか新着の思想・宗教にも関心を示さず、むしろその諡《おくりな》のように旧都・平城京への帰還を真剣に考えていたほどであった。ともかく、ついに大同年間には入京の許可は出なかったが、韜黙《とうもく》（沈思）の四年と呼ばれるこの期間に空海が得たものは決して少なくはなかったのである。

九州での宗教活動

三年後に都へ入って以後の空海は、旬日を置かずしてはじまる嵯峨天皇と最澄という王権（政治）と教権（宗教）を代表する人々との華やかな交際の中で、心静かな聖なる世界を味わうという時間と空間を設けることが難しくなる。いわば陽の時代、雄飛の時代に入ることになる。

一方、九州での待機は、一日も早い密教の宣布を願う空海にとってはある意味で不満の残る不完全燃焼のときではあったが、逆に心を鎮め、聖なるものにかかわりを持てる癒《いや》しのときであったかもしれない。

その当時の空海の活動を記した著作はないが、幸いに『性霊集《せいれいしゅう》』（第七巻）に収録される「田少弐《でんのしょうに》が先妣《せんぴ》の忌斎《きさい》を設くるがための願文《がんもん》」が大同二年（八〇七）の春の作とされる。

それによると、大同二年の二月十一日、太宰府に滞在中の空海は、太宰府庁の次官補（少弐）にあたる田中氏の亡母（先妣）の一周忌にあたって、千手千眼《せんじゅせんげん》の観音像をはじめとする十三尊を図絵した。また、あわせて『法華経』や『般若心経《はんにゃしんぎょう》』を書写せしめ、また自ら追福《ついふく》供養の願文を作って法要の席に連なっている。武内孝善氏の研究によると、この少弐は二人いる少弐の一人で、田中朝臣八月麻呂《たなかのあそんやつきまろ》であったという。

ともかく重要なことは、長安で時代の最先端を行く両部密教を受法した空海が、人々が求める一周忌の仏事を快く行なったことである。人々が宗教としての仏教・密教に求めた目的と内容は多岐にわたり、ほとけの境地を追体験する成仏、現在眼前にある不幸な要素の消滅（息災）などの現世利益《げんぜりやく》、さらには故人の供養を願う追福菩提《ぼだい》など多様である。この場合、自らの苦悩を収める狭義の癒しとは少し異なるが、空海が人々の求めに応じて平易な仏教を説き、しかも修したことは注目に値しよう。

癒しは、いずれかといえば傷つき、欠落した自分を回復するという趣旨が顕著であるが、それが特定のほとけ（仏）への信仰や有縁《うえん》の故人や先祖の供養によって、安心《あんじん》の境地に立ち返ることもある。いわば、信仰的癒し、もしくは社会的癒しであるが、空海もときに応じて、このような方面でも力を注いでいたようだ。

もっとも、この千手観音を本尊とする十三尊の絵画は、「四摂八供養摩訶薩埵《ししょうはちくようまかさった》等の」という説明文があることから、金剛界《こんごうかい》マンダラのほとけである八供養と四摂の両種の菩薩《ぼさつ》たちを周囲に配した密教マンダラであることに相違はないが、

伏して願《ねが》わくば、この徳海（広大な功徳）を傾けて、熒魂《けいこん》（霊魂）を潤洗《じゅんせん》せん（浄《あら》い清めん）

とあるように、その目的は、対象を高揚させる煽《あお》りの密教ではなく、むしろ亡き人の魂を供養する鎮めの密教といえるのではないか。

空海入京

平城天皇は、大同四年（八〇九）、ついに弟の神野《かみの》（賀美能）皇子に位を譲って退位した。四月十三

日、嵯峨天皇が即位し、翌十四日、平城の皇子《みこ》・高岳親王《たかおかしんのう》を皇太子とした。兄の譲位に対して配慮したものであろう。

こうした急激な政治的変化の中、空海は間もなく九州を離れて畿内に入ったものと思われる。空海にとって、マイナス的な為政者の退位は新しい可能性を生み出す予感があったのだろう。

平安後期の学者（文章博士《もんじょうはかせ》）であった藤原敦光《ふじわらのあつみつ》編の『弘法大師御誕生記』（『行化記』）などには、空海を京都に住せしめる大同四年七月十六日付けの官符《かんぷ》を引いている。

この官符は太政官《だいじょうかん》から和泉国司にあてられたもので、次のようにある。

僧空海、右、右大臣の宣を被《こうむ》るにいわく、請《こ》うらくは件《くだん》の僧を京都に住せしめよ、といえり。国、宜しく承知し、宣に依りて入京すべし。（官）符到らば奉行《ぶぎょう》せよ

この官符には、当時、春宮亮《とうぐうのすけ》従五位下兼守《かねもり》右少弁《うしょうべん》朝臣《あそん》の小野岑守《おののみねもり》の署名が見られる。岑守は文人としても著名で、弘仁《こうにん》五年（八一四）頃の漢詩集の『凌雲集《りょううんしゅう》』を編纂し、その序を草した。同元年（八一〇）陸奥守《むつのかみ》となり、息子の篁《たかむら》をともなって奥州へ下向。このとき、空海から「（小）野陸州《のりくしゅう》に贈る歌幷《ならび》に序」を贈られた。

この官符が和泉国の国司にあてられていることは、筑紫から帰ってきた空海が和泉国に滞在していたことを意味している。

その理由として、空海が二十歳で槇尾山施福寺《まきのおさんせふくじ》で出家・得度《とくど》したという『御遺告《ごゆいごう》』などの説をあげ

る解釈もあるが、これは空海の私度僧《しどそう》をあまり認めたくない後世の弟子たちの苦慮を示したもので、太政官符の言及にもあったごとく、三十一歳の得度が事実であろう。

それでは、和泉国司に入京を伝えた理由は何かといえば、疑いなく山林修行時代の人的ネットワークによるものと思われる。入唐前の求聞持法《ぐもんじほう》の修行の箇所で触れたが、南紀を南に控える吉野、およびその北西に位置する葛城《かつらぎ》・金剛《こんごう》山系は、古来山岳信仰と山林修行のメッカである。後世の修験道の祖とされる役行者《えんのぎょうじゃ》については神話的要素が少なくないが、現在の近畿地方の南部の山岳地帯が山林修行の地であり、若き空海のフィールドであったことは疑いない。中国・長安から当時最先端の密教テクノロジーを持ち帰った空海は、かつて親しんだ山林修行のネットワークを生かしながら南河内に待機していたのであろう。空海の持つ自然回帰のこの一面は、間もなく高野山《こうやさん》の開創としてみごとに開花するのである。

なお、大同四年（八〇九）七月に、すでに畿内に入っていたことは、かなり早い時期に、独自の判断で、九州を離れていたことを意味している。推測するに、その途中で四国に立ち寄り、また身内に近い実慧《じちえ》などの弟子僧を伴っていたものと思われる。

入京を願った最澄

平安の都に入ることを許された空海は、官符の日付けから日を置かない大同四年の七月中・下旬の頃には京都に入っていたらしい。人脈の豊富な空海ではあったが、直系の佐伯《さえき》氏はすでに没落しており、南都の僧が少ない京都では、直ちに居住する寺院は思いつかなかったはずである。しかし、弘仁元年（八一〇）に、「国家の奉為《おんため》に修法せんと請う表」（『性霊集』第四巻）を上表した中に、「高雄《たかお》の三（山）門」とあり、のちに最澄が空海のことを「高雄大阿闍梨」と呼ぶことから、当初は高雄の山寺に居住したと思われる。

この高雄山寺は、新都の建設に貢献のあった和気氏《わけし》の私寺である。かつて奈良朝の称徳天皇の頃、弓削氏《ゆげし》出身の僧・道鏡《どうきよう》が天皇を籠絡して皇位を奪おうとしたとき、九州の宇佐八幡宮の神託をもたらし、道鏡の野心を退けた和気清麻呂《わけのきよまろ》が八幡神の神願に報いんがために河内に神願寺《じんがんじ》を建立した。その原位置はもはや定かではないが、清麻呂の死後、その子の真綱《まつな》や仲世《なかよ》がすでに小庵としてあった高雄山寺をそれにあてたという。

和気清麻呂と広世《ひろよ》の父子は、桓武天皇側近の能吏であっただけでなく、とりわけ平安京遷都の功労者であった。桓武天皇が平安新仏教の旗手・最澄に肩入れしていた事実はすでに明らかにしてきたが、和気氏も最澄を種々な面から支えてきた。要するに、空海が高雄山寺に入住したのは、空海の入京を心待ちにしていた最澄と和気氏の連携によるものであった。

こののち、最澄と空海という平安仏教の両巨星は、数年の間、主に文通によって、あるときは親しく、またあるときは微妙なスタンスの差を示しながら交遊していく。そして劇的な三回の高雄灌頂（最後の第三回は、最澄は不参加）を経て最後には、それぞれの思想、とくに密教の位置と意義が妥協を許さない乖離《かいり》となって別の道を歩むことになるが、そのすべての過程、思想の変化、歴史背景を述べるためには専著が必要である。

そこで、本書ではテーマである情報の収集、とくに求める側の情報基準と情報の質という点に視点を置いて両者の関係の軌跡をたどってみたい。

第八章　都での期待――最澄・嵯峨天皇との出会い

典籍書写

前章で触れたごとく、長らく入京を許されなかった空海《くうかい》に対して、まさに手のひらを返すごとくに入京が待望され、しかも日数を置かずに多方面からコンタクトが求められたのは非常に不思議な現象である。

空海が逆に「時の人」となったのは、『請来目録《しょうらいもくろく》』の中で彼が大みえを切ったごとく、二十年の学期を短縮しても余りあるすばらしい情報をもたらしたことが、すでに『請来目録』の閲覧を通して特定の人々には知られていたからにほかならない。

空海を待ちかまえていたのはだれか。それは、かつて同じ遣唐使節で入唐《にっとう》した先輩僧の最澄《さいちょう》と、即位して希望に燃え、しかも中国の新しい文化情報を心待ちにしていた嵯峨《さが》天皇その人であった。空海の新情報がやっと日の目を見るチャンスがきたのである。

空海が九州から朝廷へ提出した『請来目録』を、遅くともその入京前後に最澄が書写していたことは明白である。なぜならば、空海が高雄山寺《たかおさんじ》に入ってはや一カ月後に、最澄は目録に見られる十二部五十五巻の経論《きょうろん》の借用書写を申し入れている。現在、京都の東寺に所蔵されている最澄書写本とされる『請来目録』は、彼の空海とその密教に対する情報データであった。

その際の借請状には、

右の法門《ほうもん》（典籍《てんせき》）、伝法《でんぽう》のためのゆえに、しばらく山室（比叡山《ひえいざん》）に借《かり》らん。あえて損失せず。慎《つつし》んで経珍《きょうちん》仏子（弟子）に付して、以って啓《もう》す

とあり、弟子の礼をとった最澄が、以下の典籍を比叡山に借り出すために弟子の経珍なるものをつかわす旨《むね》を述べている。

(1) 大日経《だいにちきょう》略《りゃく》摂念誦随行法《しょうねんじゅずいぎょうほう》　一巻
(2) 大毘盧遮那《だいびるしゃな》成仏神変加持経《じょうぶつじんぺんかじきょう》略示七支念誦随行法《りゃくじしちしねんじゅずいぎょうほう》　一巻
(3) 大日経供養儀式　一巻
(4) 不動尊使者秘密法　一巻
(5) 悉曇字記《しったんじき》　一巻
(6) 梵字悉曇章《ぼんじしったんしょう》　一巻
(7) 悉曇釈　一巻
(8) 金剛頂《こんごうちょう》毘盧遮那《びるしゃな》一百八尊法身契印《いっぴゃくはちそんほっしんげいいん》　一巻
(9) 宿曜経《しゅくようきょう》　三巻

(10) 大唐大興善寺《だいとうだいこうぜんじ》大弁正大広智《だいべんしょうだいこうち》三蔵表答碑《さんぞうひょうとうひ》　三巻

(11) 金師子章、ならびに縁起六相

(12) 華厳経　四十巻

この大同四年（八〇九）八月二十四日の借覧を最初として、以後数回にわたって最澄は空海に密《みっ》教《きょう》経軌《きょうき》を中心とした典籍（文献）の借覧を申し出る。

そして、弘仁《こうにん》四年（八一三）十一月の『理趣釈経《りしゅしゃくきょう》』の借覧に対し、ついに空海が拒絶したのをもって、最澄側からの情報入手の努力は終止符を打つことになる。もっとも、この場合の相手先の「澄師」を最澄ではなく、弟子の円澄《えんちょう》（七七一～八三七）とする説もある。

最澄の求めたもの

それらのすべての経過と求められた典籍を詳しく検討すれば、最澄の密教観とその変化をたどることもできるが、紙数の関係で、ここでは第一段階として、最澄がいかなる宗教情報を密教の伝法阿闍《あじゃ》梨《り》である空海に求めたかを考えてみよう。

まず、(1)から(3)までの儀軌《ぎき》（実践のテキスト）は、いずれも『大日経』（もしくは『大毘盧遮那成仏神変加持経』）という経名がついているように、両部の大経の一方の『大日経』に付属する行法《ぎょうぼう》テキストである。最澄は、中国から帰国の際、越州の龍興寺で順暁《じゅんぎょう》阿闍梨から主に毘盧遮那法《びるしゃなほう》（胎蔵法《たいぞうほう》）を受けたが、時間的にも資料的にも不十分であることを危惧していた。

だが、桓武《かんむ》天皇の思わぬ関心もあって、帰国後、わが国最初の灌頂《かんじょう》を和気《わけし》氏の寺・高雄山寺で行ない、しかも天台宗としての年分度者《ねんぶんどしゃ》（公的出家者）が止観業《しかんごう》（天台系）と遮那業《しゃなごう》（密教系）の二本柱となったことにより、『大日経』の行法に関する資料が必要となったのである。現代風にいえば、不足情報の補充・補塡である。

(4)の『不動尊使者秘密法』も、『大日経』の代表的なほとけ（仏）である不動明王を拝むための実践法である。密教の諸尊法としても必要なテキストである。

(5)から(7)は、すべて「悉曇《しったん》」という語が認められるが、これはシッダマートリカー（Siddhamātrikā）というインドの梵語《ぼんご》（サンスクリット語）の字体の一種を意味する。インドでは五、六世紀から十世紀頃にかけて使われ、東伝したのち、中国・日本では梵字の代表語となった。現在の日本では、梵字のみならず梵語そのものを意味する語としても用いられる。

空海は密教を学ぶにあたり、あらかじめインド人の僧について関連語学を身につけていたが、中国仏教から誕生した天台宗は本来梵語・梵字とは関係がなかった。要するに最澄の最も弱い分野であるが、最低限の基本図書として借用したのであろう。

(9)の『宿曜経』は、天文と占星の新しい情報資料である。すでに触れたように、密教は効果と結果を重視する。それには見えない世界のサイクルを知ろうとする占星術と夢占《ゆめうらな》いが少なからぬ意味を持つ。この疑似情報ともいうべき占星術の意義は、すでに恵果《けいか》からの灌頂の箇所で触れたが、結果成就、つまりさまざまな供養法の起首日（開始日）を知るためには必要な情報であった。

残りの典籍の中で特別な意味と役割を持っているのが、⑽の『大唐大興善寺大弁正大広智三蔵表答碑』であるが、呼称が長いので、通常は『表制集《ひょうせいしゅう》』という。これは聖なるものの価値をさまざまな方法で提示する宗教情報ではなく、当時の中国密教の状況を伝える歴史情報、および文献情報であり、最澄も客観的状況を説明する場合は、この『表制集』を基礎資料としている。『請来目録』でも特別の意味を持っている。

以上、最澄の密教情報収集の第一段階を述べたが、自らの密教体系の弱点の補強から、次第に不十分な『金剛頂経《こんごうちょうきょう》』の修得へ向かっていった最澄は、その結果として、いよいよ空海に灌頂を求めることとなるのである。

嵯峨家父長制

時の政権の代表者である天皇が交替することによって、確かに宗教の状況も大きく変化することは、たとえば奈良朝の聖武《しょうむ》天皇が顕著な例である。平安時代になっても、桓武・平城《へいぜい》・嵯峨の三朝では、為政者の宗教に対する思想とスタンスが著しく相違している。

空海の入京を許した新帝の嵯峨天皇は、空海に何を求めたのだろうか。

現存の史料から見るかぎり、大同四年（八〇九）四月に即位した嵯峨天皇が、すぐに空海と接触した様子はない。むしろ神経症の理由で一方的に退位した平城上皇が、不予（天皇や貴人の病気）を理由に勝手に殺生禁止令を出したり、平城京への還帰を画策するようになり、嵯峨天皇としてもむしろ政権基盤の安定が焦眉の急であった。

生来の腺病質タイプの平城上皇に取り入り、彼を誤らせたのは藤原薬子《ふじわらのくすこ》であると多くの史書は語る。長岡京造営中に暗殺された藤原種継《ふじわらのたねつぐ》の女《むすめ》で、藤原式家の縄主《なわぬし》に嫁して三男二女を産んだ。長女が平城天皇の皇太子時代にその後宮に入ったことから、薬子は皇太子に近づき、関係を結ぶに至った。父・桓武はこれを嫌ったという。

平城天皇が即位すると、薬子の兄の仲成《なかなり》も両者の関係を利用して側近となり、伊予親王《いよしんのう》事件に対する良心の呵責に耐え切れずに退位した平城を扇動して、世にいう「二所朝廷」（天皇と上皇の二朝廷）が出現するに至った。

ここにおいて、がまんを重ねていた嵯峨天皇側が、弘仁元年（八一〇）九月に老臣の坂上田村麻呂《さかのうえのたむらまろ》軍を使って先制攻撃をしかけ、仲成を射殺し、薬子が自ら毒を飲んで果てたのがいわゆる薬子の変である。この決然たる嵯峨の行動によって、以後、太上皇《たいじようこう》となった嵯峨が崩御する承和《じようわ》九年（八四二）まで、一部の歴史学者が「嵯峨家父長制」と呼ぶ非常に安定した政治が続くのであるが、そのきっかけに実は空海が関連していたのである。

すなわち、弘仁元年の十月二十七日、ちょうど平城上皇が降伏して仏門に入り、剃髪《ていはつ》した一カ月半後、空海は、「国家の奉為《おんため》に修法《しゆほう》せんと請《こ》う表」を上表し、密教経典の威力によって国を護ることを熱心に説いている。その一部を掲げておきたい。

その将来するところの経法の中に、仁王経《にんのうぎょう》、守護国界主経《しゅごこっかいしゅきょう》、仏母明王経《ぶつもみょうおうきょう》等の念誦《ねんじゅ》の法門あり。仏、国王のために特にこの経を説きたもう。七難《しちなん》を摧滅《さいめつ》し、四時（春・夏・秋・冬）を調和し、国を護り、家を護り、己を安んじ、他を安んず、この道の秘妙の（聖）典なり。

（中略）

伏して望むらくは、国家の奉為《おんため》に諸《もろもろ》の弟子等をひきいて、高雄の山門において来月一日より起首して（始めて）、法力の成就に至るまで、かつは教え、かつは修せん

（後略）

この文の直前に、中国（唐頭）において、不空三蔵《ふくうさんぞう》の頃、宮中に内道場（皇居内の仏堂）を設けて鎮護国家の密教修法を行ない、その功徳によって安禄山《あんろくざん》の乱などが平定した功績をあげる。その旧例にならい、日本においても『仁王経』『守護国界主（陀羅尼）経』などの護国経典とその修法によって国王を代表とする国家の安穏を祈願したい旨がつづられている。

奈良朝においても、『金光明経《こんこうみょうきょう》』や『法華経』などの顕教《けんぎょう》系大乗経典の功徳によって日本国を護るという思想と儀礼はあったが、空海は生まれ変わりを自任する大先達の不空三蔵の故事と般若三蔵《はんにゃさんぞう》直伝の「国王守護」型の護国仏教を、はじめて、しかも全面的に主張したのである。薬子の変は、まさに安禄山の乱の日本版ということもできる。

しかしながら、この上表に対して目立った反応はまったく知られていない。後述するように、当時の嵯峨天皇は、宗教としての「密教」にほとんど関心を示していない。

ところで、のちに文化的に深いつながりを持つ嵯峨天皇と空海のはじめての接触がいつにはじまるかはまだ不確かなところがある。その中で最も早い時期とされるのが、『高野大師御広伝《こうやだいしごこうでん》』の大同四年（八〇九）十月四日の条に見られる次の表現である。

四年十月四日、勅《みことのり》に依って、世説《せせつ》の屏風《びょうぶ》を書し、献ぜしむ。その表にいわく、

世説の書の屏風両帖

右、伏して今月三日、大舎人山背豊継《おおとねりやませのとよつぐ》が奉宣の進止（手紙）をうけたまわるに、空海をして世説の屏風両帖を書かしむ

（後略）

それによると、四月に即位した嵯峨天皇は、半年後の十月、すでに七月に京に入っていた空海のもとに大舎人の山背豊継を遣わし、劉義慶《りゅうぎけい》の撰した『世説』の文章を書した屏風二帖を献上するように命じたとある。

この年紀に間違いがなければ、空海が貴重な中国の文献を多数持ち帰り、しかも能筆（達筆）であるということが天皇の耳に達していた証明となる。

その後、先述の平城上皇との確執があり、薬子の変が治まるまでしばらく心落ちつかない天皇であ

ったが、護国のための法要は中国の場合と同じく天皇の気持ちを多少は動かしたようであり、のちの高野山《こうやさん》と東寺の下賜《かし》に連なっていくのである。

この年に、故中務卿《もとのなかつかさきよう》の伊予親王の霊をとむらうために、釈迦牟尼仏《しやかむにぶつ》寺の檀像《だんぞう》（香木を刻んだ仏像）を造刻して供養したのも、奈良朝末から平安初期にかけて流行した御霊《ごりよう》（怨念を残して死んだ者の悪霊）を鎮める最善の方法として新来の密教を打ち出したのである。

このように、新しく体系化された密教の効験力を主に諸難の調伏《ちようぶく》に有効に用いるという直接的布教活動だけではなく、唐朝の最新の漢文文化を情報として天皇に発信するという文化的教化も空海は巧妙に実践した。まさに情報提供を得意とする空海の面目躍如である。

嵯峨天皇への献上品

それらは世情が安定した弘仁二年（八一一）から三年に集中しているが、空海が嵯峨天皇に送った表や状を列挙してみよう。

(1) 弘仁二年六月二十七日「劉希夷《りゆうきい》が集を書して献納する表」
(2) 同年八月「雑書跡を奉献する状」
(3) 同年月日不明「劉廷芝《りゆうていし》が集を書して奉献する状」
(4) 弘仁三年六月七日「筆を奉献する表」
(5) 同年七月二十九日「雑文を献ずる表」

(6) 年月日不明「春宮《とうぐう》（皇太子）に筆を献ずる啓」
(7) 弘仁五年閏七月八日「梵字ならびに雑文を献ずる表」

これらを通覧すると、ほとんどの文の中に、「進止（消息）を承《うけたま》わって」「上宣（勅命）を奉って」とあり、天皇側からの命令、つまり勅命があって献上したことが知られる。情報学的には、アクセスがあって空海側がそれに応えて文化情報を発信したことになる。

このうち、劉希夷（廷芝）の集についてはどうやら嵯峨帝の希望らしいが、ほかの書跡に関しては空海が自ら選択したようである。その内容の特徴は、文化史的に見て以下の三点をあげることができる。

第一に、書跡（書法）に対して十分な知識と技術を持っていた事実を示すべく、選ばれた書跡は書聖といわれる王羲之《おうぎし》が最も多く、褚遂良《ちょすいりょう》、欧陽詢《おうようじゅん》、徳宗《とくそう》と能書家のものが中心を占める。

また、「飛白《ひはく》の書一巻、またこれ在唐の日ひとたびこの体を見て試みにこれを書す」とあるように、いわゆる飛白体などの特異な書体を書く技術も積極的に入手していたことがわかる。

第二に、狸毛《たたげ》（たぬきの毛）の筆四管を嵯峨天皇に、また一管を皇太子（のちの淳和《じゅんな》天皇）に献じているが、そこで、

毛を簡《えら》ぶの法、紙を纏《まと》うの要、墨を染め、蔵《おさ》め用うること、ならびにみな伝え授け訖《おわ》んぬ。空海、自家（自家製）にして試みに新作のものを看るに、唐家（中国産）におとらず

と、謙遜の中にも筆の毛や紙の製作についての自信のほどを示している。

また、後世に人口に膾炙《かいしゃ》する俗説「弘法は筆を選ばず」は空海の能筆（書上手）を象徴しているが、現実の空海は単なる「上手な書家」ではなく、「能書は必ず好筆を用う」と自らが述べるように、書法、筆の製法など微妙な文化情報を多量かつ高度に入手しており、その点が中国の漢文文化にあこがれを持っていた嵯峨天皇とそのブレーンの官僚たちの心をとらえたことは想像に難くない。

とはいえ、空海は単に情報と技術だけで自己主張したのではない。その証拠に、彼が上表したものの中に、『梵字悉曇字母《じぼ》並びに釈義』などの梵字悉曇資料と、大広智《だいこうち》（不空）三蔵の碑文と影賛《えいさん》が含まれている。単なる書家なら、このような主題は決して選ばなかったろう。なぜなら、梵字悉曇は密教修習に不可欠なインドの言語と文字であり、後者は空海の生涯の理想像であった不空三蔵の伝記であった。これらを天皇に献上したのは偶然ではなく、書という一種の手段を通して、やはり密教の日本普及を願ったのであろう。ただ、この戦略は、むしろ皇太子（のちの淳和天皇）のほうにのちに影響を与えた。

最澄の接近

最初から自己の体系で不足している密教の獲得を目指した最澄と、空海と接触は持ちながらやや難解な密教よりも書と漢詩という中国文化に引かれた嵯峨天皇というインセンティブの相違はあったが、ほぼ同時期にはじまった空海と両者とのそれぞれの交遊が必然的に一つの段階を迎えるのが、弘仁三年（八一二）の暮れと、数カ月後の弘仁四年（八一三）の三月に高雄山寺ではじめて大規模に行なわれた灌頂であった。

最澄と空海の二人の関係に限っていえば、密教の修得を急ぐ最澄は、空海から密教経軌を借覧してその書写を急ぐ一方、弘仁二年（八一一）二月十四日に、空海に対して遍照一尊《へんじょういっそん》（大日）の灌頂を受けることを請うている。これは、高雄山寺に落ち着き、早くから師につき従った実慧《じちえ》などの弟子たちに大日如来一尊の持明《じみょう》（印と真言）を授けるだけの簡略な灌頂であったらしい。それだけに天台宗開祖の最澄師に弟子クラスと同等の内容を授けるわけにはいかず、このときには丁重に断って将来の授法を約束している。

ところで、弘仁二年の十月二十七日には、空海を長岡の乙訓寺《おとくにでら》へ移住せしめる官符が治部省に下されている。それによれば、不便な高雄山寺から空海を移住させるだけでなく、空海を乙訓寺の別当《べっとう》（寺務長）として同寺を復興させる意図があったようだ。

なぜならば、かつて藤原種継暗殺事件に関して疑いをかけられ、食を断ち、淡路に流される途中に死去した早良親王《さわらしんのう》（崇道《すどう》天皇と追尊）が幽閉されてのが乙訓寺であった。平安前期は、こうした恨《うら》みを残して横死した御魂《みたま》を鎮める御霊信仰が盛んで、薬子の変後の国家安穏を祈禱《きとう》した空海の最初の仕事は、御霊の鎮魂と同寺の復興という彼にふさわしい役目であったといえよう。

荒れていた同寺の修繕復興は、長安の西明寺《さいみょうじ》で教示を受けた永忠僧都《えいちゅうそうず》を通して南都の僧綱所《そうごうしょ》に修繕の費用を要請するなど、空海特有の人的ネットワークと活動力で進展したようである。

弘仁三年（八一二）十月二十六日、最澄は乙訓寺の空海に書状を送り、不空訳の『金剛頂真実摂大教王経』三巻の借用を請うている。はじめは自宗の遮那業（日本天台宗で行なう密教的方面の修行）の充実のために『大日経』に集中していた最澄の関心は、空海との交流を通して『金剛頂経』の重要性とさらには両部の意義に気づいていったものと思われる。このとき、空海は最澄を招き、訪れた最澄は弟子の光定《こうじょう》とともに一泊している。

その際、光定が記した文から、両者の間にはじめて灌頂の授法が確約された事実を知ることができる。

> 長岡乙国（訓）の寺に（空）海阿闍梨あり。先師（最澄）相い語り、かの寺に一宿す。先の大師（最澄）と海大師は面《おもて》を交えることやや久し。灌頂の事をあらわし、高雄山寺に入る。（『伝述一《でんじゅついっ》心戒文《しんかいもん》』巻上）

こうして約束を交わした二人のうち、空海は乙訓寺の別当を辞し、灌頂の場である高雄山寺に戻ることになった。それには和気氏と長い檀越《だんおつ》関係にある最澄の了解も必要であったろう。

他方、最澄はやっと念願の両部の灌頂と真言の付法《ふほう》が得られることを喜び、比叡山に帰った。そして信頼する弟子の泰範《たいはん》に書状を送り、ともに灌頂受法することを勧《すす》めている。さらにきまじめな最澄は、ようやく体制が整いはじめた空海教団のもとで秘書的な役割をしていた真言僧・智泉《ちせん》（七八九〜

八二五）に、間もなく実施される灌頂の供養に必要な品々を送っている。ちなみに、智泉は空海の甥で、二十四歳の若さながら空海が信頼を寄せた愛弟子であった。

空海の弟子集団がいつ頃形成されたかは直接語る史料が少ないが、九州を別にすれば、入唐前から数人のグループは常時つき従っていたようである。それゆえ、灌頂の月の十二月（日は不詳）、高雄山寺に三綱《さんごう》という僧の管理者を決め、上座《じょうざ》（有徳の老僧）に杲隣《ごうりん》、寺主《じしゅ》（営繕担当僧）に実慧、そして維那《ゆいな》（庶務担当僧）に智泉を任命している。ともあれ、この頃には宗派を形成する以前の一応の集団組織を空海が作り上げていたことを意味している。

高雄の灌頂

話題を戻して、弘仁三年（八一二）の十二月十四日に最澄は和気真綱《わけのまつな》と仲世《なかよ》の兄弟とともに高雄山寺に入っている。真綱は宇佐託宣で名高い和気清麻呂《わけのきよまろ》の五男、仲世は六男である。ともに平安朝廷の文官として活躍していた。

世にいうこの高雄灌頂の実際と意義は、多少不分明なところもある。空海の長安・青龍寺《せいりゅうじ》での灌頂は、一カ月ずつかけて胎蔵《たいぞう》・金剛界の順で行なわれた。ところが、高雄山寺では、十一月十五日には最澄を筆頭とする計四名の者を入壇させ、それぞれ目隠しをして投華得仏《とうげとくぶつ》させ、有縁《うえん》のほとけと結縁《けちえん》させている。

入壇した最澄は、金剛界マンダラでは西方阿弥陀如来《さいほうあみだにょらい》の周囲を取り囲む四菩薩《ぼさつ》のうちの金剛因菩薩と結縁している。同行した俗人の和気真綱・仲世の兄弟は、高雄山寺のいわばオーナー（檀那）であるのみならず、延暦二十四年（八〇五）には同じ場所で最澄から毘盧遮那《びるしやな》（胎蔵大日《たいぞうだいにち》）法の灌頂を受けている。もう一人の美濃種人《みののたねひと》は和気氏の従者であろうか、いわば付随しての灌頂である。

現在でも、祖師・空海の灌頂体験を重視して先に胎蔵灌頂を行なう流派（とくに小野流）が多いが、高雄灌頂ではおそらく最澄の要望に基づき、はじめて金剛界灌頂を先に、しかも最澄有縁の者のみに授けている。

続いて十二月十四日、今度は胎蔵灌頂を行なっているが、多忙であり、また同じ京都郊外の比叡山にいる最澄らはこの間帰宅している。十二月の胎蔵灌頂は、事前に実施を通知する時間もあり、やはり金剛界灌頂よりも入門的意味が強かったのか、入壇者の数は百九十名ばかりに増大している。

このときの記録を記した空海自筆の『灌頂暦名《かんじようれきめい》』（一説には『灌頂歴名』）によると、中心となる正受者はやはり最澄であり、円澄、光定などの比叡山の主要な弟子も入壇受法している。最澄が格別の関心を向けた泰範も、近江の高島から参加している。これらのすでに具足戒《ぐそくかい》を受け終わった沙門《しやもん》たちは、『灌頂暦名』では太僧《たいそう》と呼ばれている。

このような太僧のほかに、沙弥《しやみ》（出家して得度《とくど》は終えたものの具足戒を受けていない者）、近士《ごんし》（在家の仏教者）、童子（出家していない年少の近侍者）も多数含まれていた。また、高階遠成《たかしなのとおなり》の名前が認められるのも興味深い。達成は中国から帰国の際の使節の判官であり、空海にとって彼の許しがなければ帰国ができなかった大恩人である。乙訓寺の復興にあたって世話になった永忠と同様、空海の人間マンダラの一翼を形成する人であった。

先月に受けた金剛界灌頂もそうであるが、高雄山寺での入壇灌頂には、出家した僧侶も在家の俗人も共通で、同一のマンダラ壇で投華得仏している。思うに、灌頂の種類としては、密教のマンダラ諸尊との縁を結ぶ結縁灌頂、つまり入門の灌頂であったが、しかし最澄や高弟たちにとっては、密教受学の許可を得るための学法灌頂であったろう。それゆえ、花の落ちた仏尊の印と真言を授けられることから、先にも述べたように、受明《じゅみょう》（持明）灌頂とも呼ばれている。

この模様について、弟子の円澄は、

百余の弟子とともに持明（受明）灌頂の誓水に沐《もく》し、十八道（十八段階の実践法）の真言を学ぶ。

梵字真言の受法はやや難し（『伝教大師求法書』）

と回顧しているが、かつての空海のように、事前に梵字・梵語の学習をしていなければ理解は非常に難しい。

空海と最澄の離別

こののち、空海は高雄山寺にとどまっていた泰範・円澄・光定ら最澄の高弟たちに対して『法華儀軌《ほっけぎき》』（法華経の供養儀式を密教化したもの）による一尊法を授け、修法を指導した。しかし、すでに天台宗を率いて苦闘していた最澄は、長く比叡山を留守にすることはできなかった。そこで愛弟子の泰範を高雄に残し、その後も空海に対して密教経軌の借覧を依頼したのである。こうした最澄の密教理解に対して、空海は密教における師から弟子への直接相承（面授）の意義を強調したり、逆に「もし師に従わずして稟受決択《ほんじゆけつちやく》し、しかもほしきままに作《な》す者をば、これをすなわち名づけて越三昧耶《おつさんまや》（違法の罪）となす」と述べて忠告しても、密教の受法にのみ焦点を固定し、そのアプローチの必要条件の違いに気づかない最澄は、むしろかたくなに受法（結果として作法）を得んことを期待した。

その後、二人の間には、それぞれの人間的性格、すなわち原理原則型の最澄と全体的調和と効果重視の空海という違いのほか、それぞれの仏教における密教の位置づけ、具体的には法華一乗と密教の双修という難行を目指す最澄と、密教の中にすべての仏教を統一しようとする空海という大前提の相違が深く横たわっていた。

そのような両者の間にはさまれた形となった泰範に対して、弘仁七年（八一六）二月十日、最澄は比叡山への帰山をうながした。その文中に、

法華一乗と真言一乗と何ぞ優劣あらんや

と率直に自らの見解を述べたことなどが最終的に両者（最澄と空海）の交遊を断つこととなり、当時の両者の仏教情勢もあって、二つの巨星は別の空で輝くこととなっていったのである。

第九章　真言密教の確立――若葉萌える季節

密教の宣布

最澄《さいちょう》との足かけ八年にわたる交遊の中で、空海《くうかい》が思想と実践を具備した唐密（両部密教）の阿闍梨《あじゃり》であることが社会的にも承認された。一方、密教を取り入れたところの天台宗の確立を意図した最澄は、ひとまず本格的な密教受法は断念するが、制度的保証ともいうべき比叡山《ひえいざん》の大乗戒壇の設置に向けて最後の生命の灯を燃やしたのである。

空海も、次第に広がっていく最澄との間の溝の中に、逆に密教の本質と存在意義を再確認したはずである。そこで、最澄の最後の奮闘を横目に見ながら、弘仁《こうにん》六年（八一五）頃から、空海も独自の密教宣布に取りかかることとなる。その発端となったのが、弘仁六年四月一日の年紀を持つ「諸々《もろもろ》の有縁《うえん》の衆を勧《すす》めて、秘密法蔵を写し奉るべき文」（『性霊集《せいれいしゅう》』第九巻）である。通常『勧縁疏《かんえんのしょ》』と呼ばれ、いわば空海の立教開宗の文として重視されている。

その中で空海は、

貧道《ひんどう》（自分）帰朝して多年を歴《ふ》といえども、時機未だ感ぜざれば広く流布《るふ》すること能《あた》わず。（中

略）もとより弘伝《ぐでん》を誓う。何ぞあえて韜黙《とうもく》（押し黙る）せん

と述べ、ここに至って自らが持ち帰った密教の教えを広く世に広めんことを高らかに宣言する。

その内容は、仏教には、顕教《けんぎょう》と密教の二種があり、顕教といわれる従来の仏教は釈迦如来《しゃかにょらい》や阿弥陀《あみだ》如来《にょらい》の教えであるのに対し、密教は法身《ほっしん》（真理の当体）である大日如来《だいにちにょらい》の教えとする。実践面でいえば、顕教は布勢・禅定《ぜんじょう》などの六波羅蜜行《ろくはらみつぎょう》を根気強く行なうのに対し、密教は身《しん》・口《く》・意《い》の三密《さんみつ》（三種の行為形態）を総合的に実践することを強調する。

この『勧縁疏』を土台として、おそらくその直後に、空海は『弁顕密二教論《べんけんみつにきょうろん》』という最初の教義著作を世に問い、密教を顕教（従来の南都仏教）と思想比較すること（教相判釈《きょうそうはんじゃく》）によって密教の意義を強調するという独特の手法を打ち立てるのである。

そして、弟子の僧・康守《こうしゅ》や安行《あんぎょう》などに、この『勧縁疏』に空海の私信を添えて、畿内の大寺はもちろん甲斐《かい》・武蔵《むさし》・上野《こうずけ》・下野《しもつけ》・常陸《ひたち》などの東国、さらには筑紫《つくし》などの西国にも送って有縁《うえん》の人々に密教経典三十六巻の書写を勧めている。

徳一菩薩

空海の私信から、宛名のわかるものに甲斐の国守・藤原真川《ふじわらのまかわ》、陸州の徳一《とくいつ》、下野の広智《こうち》などがあるが、特筆すべきはのちに「筑波の徳一」「会津の徳一」などと絶讃された法相宗《ほっそうしゅう》僧の徳一であろう。

はじめ興福寺の修円《しゅうえん》について法相を学び、のちに東大寺にもいたが、南都僧侶の奢侈《しゃし》を嫌い、東国

に移ったという徳一の学識と徳行は、空海自身「徳一菩薩《ぼさつ》」と呼んでいるように、全国に知れ渡っていた。徳一は送られた経論《きようろん》三十六巻を読破し、若干の疑義について質問している。『真言宗未決文《しんごんしゆうみけつもん》』がそれであるが、内容は教主の大日如来から即身成仏《そくしんじようぶつ》まで十余条に及んでおり、彼の見識のほどを知ることができる。

なお、徳一に関しては、弘仁七年（八一六）に東北への法華宣揚の旅に出た最澄との間に生じた熾烈な論争が有名であり、好対照となった空海の好意的態度と比較して、空海の迎合的態度を非難する意見もある。確かに、空海には相手の立場を一応認めながら、それを自家薬籠中に持ち込む態度が見られないわけではないが、それは恵果《けいか》に対しての場合と同様、計算されつくした処世術というよりも密教そのものの持つ包摂的、総合的特色にあると考えている。

ともあれ、本書のテーマである情報という視点から『勧縁疏』を基盤とする空海の活動開始を見ると、中国から持ち帰った密教の根本資料（基礎情報）が最澄との交渉の中である程度選別され、かつ「違いがわかる」という段階に達したことを意味している。と同時に、ここで当時の歴史的背景を見ると、弘仁六年（八一五）の三月、かつて桓武《かんむ》天皇の勅命ではじまった天台法文（経論）の書写七部が完成し、嵯峨《さが》天皇が自ら筆をとって金字の題を書いて東大寺等の七大寺に安置した。この国家・国費による天台弘布に対し、密教宣布を決断した空海は、人的ネットワークによる個人的勧進《かんじん》をスタートさせたのである。情報発信の競合による一種の相乗効果ともいえよう。

真言宗の確立

空海の生涯と事跡を編年的にたどれば、嵯峨天皇の御代《みよ》である弘仁年間の後半は、『弁顕密二教論』『即身成仏義《そくしんじょうぶつぎ》』『声字実相義《しょうじじっそうぎ》』などの思想教義書の著作と、高野山《こうやさん》と東寺に代表される密教寺院の建立にエネルギーを傾注した。しかしこれらの両業績に対しては各項で詳しく説明することとし、弘仁十四年（八二三）、すなわち弘仁の末における真言宗の確立を紹介しておきたい。

先に取り上げた『勧縁疏』に対する東北の徳一菩薩の質問書にあたる『真言宗未決文』の題目と本文の中に、すでに「真言宗」という言葉が認められる。しかし、これは「真言の教え」というほどの意味であり、私が仏教宗団成立の最低要件として設定している仏（本尊）・法（教義）・僧（在家を含む）・寺（専有空間）の四項目のうち、最初の二項目（仏と法）が確立されたにすぎない。

そののち、高野山と東寺を下賜《かし》され、専有の密教空間基盤ができあがったが、真言宗としての僧に課すカリキュラムの策定が遅れていた。そのあたりの作業が完了した、弘仁十四年の空海の動きをたどってみよう。

この年の四月十六日に、嵯峨天皇は実弟の大伴親王《おおともしんのう》に皇位を譲り、四月二十七日には新帝・淳和《じゅんな》天皇が即位した。空海は、新帝の即位を奉賀する表を奏上しており、性格温厚な淳和帝も前代からの真言の活動に好感を持っていたようである。つまり、政治と文化重視の嵯峨天皇よりも、宗教としての密教により関心があったようである。

同じ年の秋、空海は淳和天皇に『真言宗所学経律論目録』を進上した。世にいう『三学録《さんがくろく》』である。この目録には、真言密教を学ぶもの（真言宗）のテキストとすべき経（教え）・律（戒め）・論（哲学）として計四百二十四巻が列挙されている。ともに添えられていたであろう上表文は残っていないが、経を「金剛頂宗経《こんごうちょうしゅうきょう》」「胎蔵宗経《たいぞうしゅうきょう》」「雑部真言経《ぞうぶしんごんきょう》」の三つのセクションに分け、別に「梵字真言讃等《ぼんじしんごんさんとう》」を設けているのは、『請来目録《しょうらいもくろく》』以来の空海の密教学の見識を如実に示している。

とりわけ、律典の項の冒頭に『蘇悉地経《そしつじきょう》』と『蘇婆呼経《そばこきょう》』の二経典をあげ、また論典としては、『金剛頂発菩提心論《こんごうちょうほつぼだいしんろん》』と『釈摩訶衍論《しゃくまかえんろん》』の二論書のみしか掲げていないことは、最澄の天台宗を念頭に置いた空海独自の主張を示している。

なぜならば、最澄の天台宗が宗派として独立するために最後まで難航したのは、戒律の思想とその制度的確立であった。すなわち、比叡山に独立の大乗戒壇を設けぬかぎり、天台宗の自立はあり得ないことを現実として知った最澄は、二百五十戒（具足戒《ぐそくかい》）に代表される比丘戒《びくかい》を捨て、中国撰述とされる大乗経典の『梵網経《ぼんもうきょう》』をよりどころとする菩薩戒を打ち立てた。

それに対し、諸仏教を総合止揚する密教を究極位に置く空海は、仏教の出発点というべき戒律の選択にはまったく関心を示さず、むしろ密教の免許皆伝の伝法灌頂《でんぽうかんじょう》の前に課せられる三昧耶戒《さんまやかい》だけにこだわった。事実、密教の各祖師が実際に受けた戒律は、空海・恵果の四分律《しぶんりつ》、不空《ふくう》の有部律《うぶりつ》というように、その時代と地域によって異なっている。したがって、『三学録』では、むしろ密教経典にあたる『蘇悉地経』と『蘇婆呼経』という二種の経典を律典に含めるという新機軸を打ち出しているのである。

最後の論点では、わずかに『菩提心論』と『釈摩訶衍論』の二点を掲げるのみであり、多数の天台《てんだい》論疏《ろんしょ》の学習を求める最澄との区別を意識している。とくに後者の『釈摩訶衍論』は、最澄をはじめ多くの仏教者が偽撰として退けたにもかかわらず、そこに説かれる本覚的思想《ほんがくてきしそう》を評価する空海は、自らが教義的傍証として多用する伝・龍樹《りゅうじゅ》菩薩作『菩提心論』とともに必須不可欠の論書として自宗のカリキュラムに組み入れている。

東寺の下賜

この『三学録』の歴史的意義は、空海とその庇護者でもあったはずの嵯峨天皇の、それぞれのバランス感覚に起因するところがあったことを見逃してはならない。すなわち、伝燈大法師位《でんとうだいほっしい》に叙せられながら、宿願の大乗戒壇建立を果たせないまま、最澄は弘仁十三年（八二二）六月、比叡山で波乱の生涯を終えた。南都の僧綱《そうごう》たちの反対もあって見合わせていた嵯峨天皇も、同情もあってか、一週間後の六月十一日、比叡山に大乗戒壇建立の勅許を下したのである。

さらに、賢明な嵯峨帝は、良岑安世《よしみねのやすよ》（帝の弟）や藤原冬嗣《ふじわらのふゆつぐ》などのブレーンを通して、最澄と空海の交遊と決別、その結果目だちはじめた天台と真言の競合を耳にしていた。その嵯峨帝も、政治が安定している安心感もあって、儒教の禅譲精神にのっとって弟の大伴親王に皇位を譲ろうと考えていた。

そこで年が改まった弘仁十四年正月十九日に、平安京洛南の官寺《かんじ》であった東寺を最澄のライバルであった空海に下賜し、都での真言密教の拠点とする機会を与えたのである。『三学録』は、それに対する一種の感謝と決意表明の書として淳和天皇に上進されたと考えられる。

なお、これに先立つ弘仁十三年の二月十一日に、太政官符《だいじようかんぷ》で南都の東大寺に灌頂道場《かんじようどうじよう》が創設され、空海に修法《しゆほう》が命ぜられている。世にいう東大寺真言院であり、現存はしないが、現大仏殿の南東部に位置していたという。

その太政官符によると、

（前略）

夏中および三長斎月（正・五・九の各月）に息災、増益の法を修し、もって国家を鎮ましむべし

とあり、以前、薬子《くすこ》の変ののち、いわば空海側が売り込んだ護国の修法が、やっと東大寺の灌頂道場という場所と機会を公的に与えられた事実を示している。要するに、この頃、京都の朝廷や南都の僧綱によって真言宗が公的に認定されたことを示しているといえる。

高野山と東寺

聖人・高僧が世に出てすばらしい教えを説き、多くの著作を後世に残したとしても、それらを慕う出家者（僧尼）と在家者（信者）が拠点とする聖域空間（居住空間も含む）がなければ、その宗教は社会の中で制度的に確立しにくい。仏教の場合、それが寺院（庵・坊・堂を含む）である。

空海は、入京に際して和気氏《わけし》の私寺であった高雄山寺《たかおさんじ》を仮に与えられたが、それは最澄と和気氏の配慮であった。その後、両者の関係で弘仁三年（八一二）には両部の結縁《けちえん》灌頂も行なったが、空海は一時、勅《みことのり》によって乙訓寺《おとくにでら》の別当《べっとう》についていた。和気氏が施主となって後援していた最澄が弘仁十三年に遷化《せんげ》したので、のちに天皇が代わった天長元年（八二四）、和気氏は同寺を勅額を賜わる定額寺《じょうがくじ》として年分度者《ねんぶんどしゃ》一名を賜わるとともに、備前国《びぜんのくに》水田二十町を寄進して空海に付嘱《ふしょく》した。このとき、寺名を神護国祚真言寺《じんごこくそしんごんじ》（略称・神護寺）に改めたという。

やっと自らの寺を得た空海は、真言寺院として充実をはかるために灌頂堂、護摩堂などを新たに建立し、必要な什器として大幅の紫綾地《むらさきあやじ》金銀泥《きんぎんでい》の両界マンダラを製作した。これがいまに残る通称・高雄曼荼羅（国宝）であり、空海が直接関与した現存唯一のマンダラである。その後は、空海が高野山と東寺に居を移したので、弟子の真済僧正《しんぜいそうじょう》が住職となって運営していた。少し皮肉な見方をすれば、淳和天皇の天長年間になって空海と真言宗の側に「風」が吹き出したといえる。

話を少し戻して、いよいよ雄飛の段階を迎えた空海が、密教経典の書写勧募とその思想書の著作をはじめた直後の弘仁七年（八一六）六月十九日、空海は「紀伊国《きいのくに》伊都《いと》郡《ごおり》高野の峯において入定《にゅうじょう》の処を請《う》け乞《こ》う表」を進上して深山の下賜を請うている。

伏して惟《おもんみ》れば、わが朝歴代の皇帝、心を仏法に留めたまえり。金刹銀台（華麗な伽藍《がらん》）、櫛のごとく朝野にならび、義を談ずる竜象《りゅうしょう》（高僧）、寺毎《てらごと》に林を成す。法の興隆ここにおいて足んぬ。

ただ恨《うら》むらくは、高山深嶺に四禅《しぜん》（四種の禅法）の客乏しく、幽藪窮巌《ゆうそうきゆうごん》（深山急壁）に入定の賓《ひん》（人）希《まれ》なり。

（中略）

今、禅経の説に准《なずら》うに、深山の平地、もっとも修禅によろし。

空海少年の日、好んで山水を渉覧《しようらん》しき。吉野より南に行くこと一日、さらに西に向かって去ること両日（二日）程にして、平原の幽地あり。名づけて高野《こうや》という。計りみるに紀伊国伊都郡の南に当れり。四面高嶺にして、人蹤《じんしよう》（人の通った足あと）蹊《みち》絶えたり。

今思わく、上は国家の奉為《おんため》に、下は諸《もろもろ》の修行の者のために、荒藪《こうそう》（野生のやぶ）をかりたいらげて、いささか修禅《しゆぜん》の一院を建立せんと。

経（『心地観経《しんじかんぎよう》』）の中に誡《いまし》めあり。山河地水はことごとくこれ国主の有なり。

（中略）

望み請うらくは、かの空地を賜わることをこうむって、早く小願を遂《と》げん

（後略）

この上表文は、空海の思想と行動に関するいくつかの重要な情報を含んでいるので、あえて長文を引用した。

第一に、このあと、金剛峯寺《こんごうぶじ》が建立された高野の地は、空海が「少年の日」に「渉覧した」地であ

り、山上の平地という地形をよく知っていたことである。その年代を彼の伝記から探ってみると、やはり山林修行に励んでいた十八歳以後から、入唐《につとう》する三十一歳までの間であろう。四国の室戸崎《むろとざき》などの求聞持法《ぐもんじほう》修行と総合すると、その行動範囲は想像以上に広かったことに驚く。何度も触れてきたように、山林修行者の大きなネットワークがあったものと思われる。

第二は、空海の師の一人、般若三蔵《はんにやさんぞう》の訳出した『心地観経』、もしくは『守護国界主陀羅尼経《しゆごこつかいしゆだらにきよう》』の説を引き、国王の仏教に対する理解と信仰によって国家の安穏も決定されると説く。現代の民主主義、社会主義の解釈とは大きくかけ離れているため、空海は為政者にへつらって高野山や東寺を手に入れたと誤解する人もないではない。

けれども、中国では北魏から隋・唐にかけての国家仏教、日本でも奈良・平安の両仏教では、元来異文化である仏教は、国王・皇帝を頂点とする王権に宗教として流行しうる可能性をゆだねていたのであり、「仁王《にんのう》」（仁徳のある王）や仏教に帰依する皇帝のもとではじめて世界が平和に治まるとされていたのである。空海が嵯峨帝に国土の一部としての高野山の下賜を願ったことは決して不思議ではない。

第三は、最重要なポイントであるが、高野山を望む理由・目的が「修禅の一院」を建立するためであり、深山幽谷での修禅が彼の仏教、とくに真言密教の中でも必要不可欠な役割を持っていたことを遺憾なく示している。

その意義をさらに追求するために、以後の高野山の整備の模様をもう少したどってみよう。

空海の請いに対して、高野山を下賜する太政官符は、その年の七月八日に紀伊国司に下されている。さらにこの官符を受けて、国司から伊都・那賀《なか》・在田《ありだ》（有田）の郡司にあてた国符といわれるものも伝わっている。

高野開創着手

明けて弘仁八年（八一七）、空海は弟子の実慧《じちえ》、泰範《たいはん》らを派遣して高野山の開創に着手せしめたと『高野雑筆集《こうやざつぴつしゆう》』にあるが、詳しい月日は不明である。おそらく、高雄山寺にいた高弟の一部を空海の名代として上山させたものであろう。

空海が希望した霊峰・高野に上山したのは、弘仁九年（八一八）の冬であったことが、下野の大守《たいしゆ》の紀百継《きのももつぐ》にあてた手紙の、「貧道（自分）、去《いん》にし弘仁九（年）冬月をもって、閑寂《かんじやく》の紀州南嶽《なんがく》（高野山）に就く」という言葉から明らかである。ともあれ、厳寒期の登嶺であったので、山上には二、三の草庵はできていたのだろう。後世の伝承では、高雄山寺と高野山を往還する中継地として大和の弘《ぐ》福寺《ふくじ》（川原寺《かわらでら》）があてられたともいう（『御遺告《ごゆいごう》』）。

『性霊集』（第九巻）に収録される「高野建立の初めの結界《けつかい》の啓白《けいはく》の文」と「高野山に壇場を建立して結界する啓白の文」は、年紀は持たないものの、広義の高野山霊域と狭義の山内のいわゆる壇上伽藍を結界したときの啓白文であろう。

とくに、前者の啓白文では、聖地高野を天皇からいただいた感謝とその聖性を保つための結界の願《がん》文《もん》を美文で表現するが、ここでは現代語で紹介しよう。

沙門遍照金剛《しやもんへんじようこんごう》、謹んで十方世界の諸仏、金胎《こんたい》両部の大曼荼羅《だいまんだら》の諸仏諸尊、天界、水界などの諸天および日本国中の天神地祇《てんじんちぎ》、ならびにこの高野山中の地・水・火・風・空のもろもろの鬼神に申したてまつる。

そもそも形あり心あるものは、必ず仏性《ぶつしよう》を具有している。

(中略)

仏法保護の王者が密教広布の気運を開こうとされれば、必ずやその地はあるはずである。そこで四方の遠境を調査したところ、この高野の地こそ相応の勝地なりと卜占《ぼくせん》できた。このために嵯峨天皇は、とくに印璽《いんじ》を下されて、この寺の境域を賜わった。いま、上《かみ》は諸仏のご恩に報いるべく密教を弘め讃《たた》え、下《しも》は五類の天の威光を倍増して、衆生《しゆじよう》の苦しみを救済せんがために、もっぱら真言密教によって金胎両部の大曼荼羅を安置しようと思う。

(中略)

仰《あお》ぎ願わくば、諸仏も歓喜《かんき》したまい、諸天は擁護せられ、善神は誓願をおこされて、このことを成就せしめたまえ。ここの東西南北四方上下七里のうちのすべての邪悪な鬼神などは、皆わが境域から出でて去れ。あらゆるすべての善神などで仏法に利益《りやく》を与えることのできる神霊の各位は、意のままに任せられよ。

（後略）

すなわち、晩年になって密教僧の空海があらゆる神仏を含む聖なる存在に対して密教を広め、すべての生き物を救うために高野山に両部のマンダラ（を安置する堂塔）を建立せんと願うために、山上七里中の善神は守護し、逆に災いをなす悪鬼等は結界から去ることを請うている。

さらに、山上の中で、のちに金胎両部の毘盧遮那《びるしゃな》（大日《だいにち》）法界体性《ほっかいたいしょう》の塔二基と本尊を祀る金堂ができあがってくるいわゆる壇上伽藍をさらに結界して聖なる世界を作り上げるわけであるが、それによって「四恩《しおん》（父母・衆生・国王・三宝《さんぽう》の恩）を報じたてまつり、有情《うじょう》（人々）を饒益《にょうやく》（利益）せん」と誓願したのである。

なお、この二種の結界（聖域確定）に関する最近の研究では、いずれも『性霊集』の補欠部分に認められることと、中世的な神祇信仰の色彩が見られることから、少なくとも十世紀後半以降の作とする説もある。

ちなみに、空海が晩年にプランニングした二基の大日如来を本尊とする仏塔とは、現在の大塔《だいとう》（胎蔵大日）と西塔《さいとう》（金剛界大日）に比定されているが、その規模の違いからその完成には空海の後継者（甥）の真然大徳《しんぜんだいとく》（八〇四？～八九一）の言葉に表わされぬ苦労を必要とした。

高野山の深い意義

高野山は、独立して密教の宣布をはじめた空海がはじめて獲得した密教空間であり、その目的の一つに聖なる伽藍の建立とそこにおける密教修法があった。しかし、のちに入手する東寺と比較すると、高野山にはほかの密教寺院では修得の難しい重要な要素があった。それは、弘仁七年(八一六)の先述の「入定の処を請け乞う表」にも強調されていた「禅経」「修禅」「入定」などの言葉とその概念である。

禅、定《じょう》、もしくは禅定とは、一種の精神集中で、瞑想そのものを指す場合と、あるいは瞑想の中で何らかの対象に思念を凝らすことを指す場合もある。空海の場合は、部派仏教から大乗仏教への展開の中で伝えられてきた具体的な禅定法(たとえば四禅)も知悉《ちしつ》していたが、むしろ青年期に情熱を燃やし、大自然の中で自らを溶け込ませて行なった禅定を意図していたものか。両部密教を授けられ、中国から帰国後はなぜかまったく言及しない求聞持法は、禅定の分類からいえば、虚空蔵菩薩《こくうぞうぼさつ》に思念を凝らす有相《うそう》の禅定ではあるが、高野山での次のような文から考えると、晩年の空海が求めたものはむしろ特定の対象を持たない無相《むそう》の禅定だったのかもしれない。

ここに年紀はないが、「山中に何の楽しみか有るか」という興味深い漢詩がある。韻文でいささか理解が難しいので、やはり現代語訳をあげておこう。

(相手が言うには)

山中にどんな楽しみがあって
あなたはこんなに長く帰ることを忘れているのか
一冊の秘密の経典とつづり合わせの衣
雨にぬれ、雲にしめって、沙塵《さじん》といっしょに飛ばされ
いたずらに飢え、いたずらに死んで、何の益があるのか
どんな師もこのことを間違いだとするだろうに
（私は答える）
あなたはご覧にならないのですか、あなたはお聞きにならないのですか
マガダ国の鷲峰《じゆぶ》（霊鷲山《りようじゆせん》）はシャカの住まわれたところであり
シナの五台山《ごだいさん》は文殊菩薩《もんじゆぼさつ》の廬《いおり》のあったところと
私は悪を消し、善を修める人（修行者）と称され
さとりの世界を家として、ご恩に報いる徒である
（中略）
生死の対立を離れ、三つの迷いを超越し
四つの魔もの、無数の障碍《しようげ》も心配する必要はない
大空はがらんとして、仏陀の放つ光はあまねく輝き

ひっそりとして作為のない生き方は楽しいではないか

この文は、ともに『性霊集』第一巻に収められている「山に遊んで仙を慕う詩」「山に入る興」などと同じく、高野山での修禅、入定に対する空海の考えを表明したものといわれている。

二十四歳のときに著わした『聾瞽指帰《ろうこしいき》』でも、世間の官職を追い、儒教の格式ばった倫理にはまるよりも、仙人のように山に入って自然と一体化して楽しむほうがましだとする解釈は存在していたが、今度はそこに仏教・密教の禅定体験をより積極的に導入し、山中の寂静《じゃくじょう》の中でむしろ心の安らぎを得ることができると評価している。

本書のキーワードの一つである癒《いや》しは、どちらかといえば、一度傷ついた心や身体を治すという受け身的意味合いが強いが、空海の場合は、仏教の智恵、とくに「縁によって生じたものは必ず滅す」という縁起《えんぎ》と空《くう》を正しく理解すれば、そのすぐあとに何ものにもとらわれない無限の世界が現われてくることを知っている。これこそが、単に治すとか治癒するだけではない、より前向きの積極的な癒しであり、ほとけ（仏）の救いなのである。

高野山の開創準備の段階をある程度見届けた空海は、再び京に帰り、人生末期の社会的行動や思想・著作の集大成に取りかかることとなるが、そのために心と身体をいわばリフレッシュしたのが、霊峰高野山における禅定体験であったのである。

要するに禅定体験は、ある意味では聖なるものと触れ合う一つの手段であるが、ほとけや自然とのみ向かい合っているときには、ほかの世俗的な政治情勢や人間関係からは解放され、安らぎ（生命）の世界を味わえるのだ。

その生命の灯は、京都における空海のもう一つの寺・東寺の意義を別の面からさらに照らし出すことになるのである。

もう一つの密教寺院・東寺

現在、上りでも、下りでも新幹線で京都に入れば、JR京都駅の南西側に巨大な五重塔の姿が目に飛び込んでくる。総高約五十五メートルといわれ、わが国最大の木造建築物である。東寺は、平安京の南大門にあたる羅城門《らじようもん》の東北に位置する官寺であった。寺伝では、平安京造営の二年後（七九六）の創建という。

官寺としての東寺は、巨大な薬師如来像を本尊とする金堂を中心として発足したが、もともと東西の両寺は、外国からの賓客を止宿させる鴻臚館《こうろかん》としての役割を持っていた。その役割は、両寺が民間の僧に給預されたのちも引き継がれたと思われる。空海没後の承和《じようわ》十四年（八四七）七月に、嵯峨太皇の妻の橘《たちばなの》嘉智子《かちこ》の意を受けて入唐した恵蕚《えがく》とともに来朝した唐僧の義空《ぎくう》らは、この東寺に留住している（高木訷元「唐僧義空の来朝をめぐる諸問題」）。

この時期における空海への東寺給預の目的と意義について、東寺の碩学《せきがく》・杲宝《ごうほう》（一三〇六〜一三六二）の撰した『東宝記《とうぼうき》』では、弘仁十四年（八二三）十二月二日の官符を引き、次のように述べる。

それ東寺は、遷都の始め、国家を鎮護するために柏原《かしわら》の先朝《せんちょう》（桓武《かんむ》帝）の建つるところなり。乞う、この状を察して、僧徒等を率いて真教を讃揚し、禍《わざわい》を転じて福を修《つく》り、国家を鎮護せよといえり

この官符は、東寺に真言宗僧五十口（人）を住せしめるというものであったが、これに先立つ十月十日に、空海は淳和天皇に『真言宗所学経律論目録』（『三学録』）を上表した。

同日、治部省へ下された太政官符にも、

その宗の学者は、もっぱら大毘盧遮那《だいびるしゃな》、金剛頂《こんごうちょう》等の二百余巻の経、蘇悉地《そしつじ》、蘇婆呼《そばこ》、根本有部《こんぽんうぶ》等の一百七十三巻の律、金剛頂発菩提心《こんごうちょうほつぼだいしん》、釈摩訶衍《しゃくまかえん》等の十一巻の論等に依る経論の目録は別にあり。

もし僧に闕《けつ》あらば、一尊法を受け学び、次第功業ある僧をもって、これを補え。もし僧なければ、伝法の阿闍梨をして、これを度し補わしめよ。道はこれ密教、他宗の僧を雑住《ぞうじゅう》せしめることなかれ（『類聚三代格《るいじゅうさんだいかく》』第二巻）

とある。

すなわち、前半は、空海が上表した真言宗の僧侶が学ぶべき目録に付属していた表を要約したものであろう。残念ながら現存しないが、重要な要点が巧みに整理されている。

後半は、真言宗僧五十人を住せしめるに際し、一尊法、つまりある仏尊の供養法を修法できるもの

でなければならないとし、不足があれば伝法灌頂を行なって密教僧の確保に努めよと命じている。なお、文中の最後の「他宗の僧を雑住せしめることなかれ」の表現に関しては、古来、議論が少なくない。第一は、はたして空海の真意であったかという疑問で、後世の付加・改変ではないかとも考えられる。

ただし、最近の武内孝善氏の研究では、弘仁十四年（八二三）の東寺給与の記事は、一次史料に信憑性が乏しく、むしろ天長元年（八二四）の造東寺別当就任が事実上、東寺と関わる最初としている。

第二は、寺と宗が必ずしも同内容とは限らないが、奈良朝から平安前期の仏教を制度的に考えるならば、常住させ、毎日の法要にあてる供僧《ぐそう》の確保も重要であるが、その点が重要となるのはもう少し後代であり、この当時は、年に何名の公的得度者を出せるかどうかという年分（得）度者が重要な意味を持っていた。事実、空海も入定する二カ月前の承和二年（八三五）の一月二十二日に、真言宗年分度者三名を賜わる奏請を行なっている。

したがって、「他宗の雑住」を禁じる箇所を、後世の意識的竄入《ざんにゅう》としたり、あるいは空海の深い思慮に基づいたものとすることも可能だが、やはり前年の弘仁十三年（八二二）の最澄の入寂によって悲願の大乗戒壇の設置が認められ、比叡山寺を延暦寺《えんりゃくじ》と改め、一向大乗、天台専修の寺としたという歴史の流れと無関係ではないだろう。それを意識して、淳和天皇（嵯峨太皇も含む）が都に宗派の拠点となる大寺を与えたと推測している。

東寺の密教伽藍

高野山の場合も、空海の生前にはわずかな坊舎と大炊屋《おおいや》（台所）などが敷設されていたにすぎなかったという。しかし、二基の大日如来を本尊とする仏塔がすでに空海によって構想されていたように、空海は主要な意味を持つ寺院空間を必ず密教的にアレンジし、その役割を強調している。

東寺の場合は、官寺というプレ・ヒストリーがあり、下賜されたときには、七仏薬師像を祀る金堂《こんどう》のみができあがっていたという。現在の東寺の伽藍は、寺域の南西隅にある灌頂院の東側から、大師像を祀る御影堂《みえどう》の東側まで南北に土塀が連なっており、その東地域を（狭義の）伽藍、西地域を西院《さいいん》と呼ぶ。いわゆる伽藍様式では、南都の興福寺様式を発展させたものといわれている。

このうち、西院の御影堂には当時空海が居住した房があったといい、天福元年（一二三三）に仏師・康勝《こうしょう》によって彫刻された弘法大師像《こうぼうだいしぞう》が安置され、大師信仰のメッカとなっている。

同じく密教修法の道場であるが、修禅の場として大きな役割を果たした、いわば癒しの空間でもあった高野山とは違って、平安京の要衝にある東寺はむしろ情報発信の寺であった。それは、密教の経典とほとけたちの威力によって、都、天皇、ひいては日本国全体を守るという護国の教えを視覚的に表現したものであった。その中心が、天長十年（八三三）に仁明《にんみょう》天皇の病気平癒を願って発願《ほつがん》されたという講堂の群像である。

金堂のすぐ北に位置する講堂の須弥壇《しゅみだん》の上に配列される計二十一体（金剛界五仏・五菩薩・五大明

王・四天王・梵釈《ぼんしやく》二天）の木彫群は、その規模と本邦初例ともいわれる特異な忿怒尊《ふんぬそん》の林立ということで見る人々を驚かせたものと想像される。とくに左側の不動明王を中心とする五大明王は、空海が隔世の師と慕う不空三蔵《ふくうさんぞう》が新訳し、しかも注釈書も著わした『仁王経《にんのうぎよう》』系の集合明王像であり、以後わが国の護国修法の本尊として広く信仰されていくのである。

ただ、講堂の仏像群の構成とその法要目的についても、最近は、仁王会《にんのうえ》・仁王経系曼荼羅と別に考える説も登場しており、今後の充実した議論が期待される。

この講堂の『仁王経』『金剛頂経』系の立体曼荼羅（羯磨《かつま》マンダラ）以外にも、東寺には空海が直接構想したとされる仏像群がもう一式伝わっている。それは、広大な東寺境内の東南隅にそびえ立つ五重塔である。その高さと規模から落雷など四度の被災にあい、現在のものは、江戸の寛政年間、徳川家光の寄進によるものである。したがって、塔内安置の諸像も江戸初期の製作であるが、東寺の正史といわれる杲宝の『東宝記』によれば、各代の諸像も初代の空海のプランニングした配置と図像を継承しているという。

現在のものも参考にして、可能な限り復元すると、以下のような構成になろう。

菩薩

東　阿《あ》閦如来《しゆくにょらい》（触地印《しょくちいん》）

菩薩

　　菩薩

南　宝生如来《ほうしょうにょらい》（与願印《よがんいん》）

　　菩薩

　　菩薩

西　阿弥陀如来《あみだにょらい》（禅定印《ぜんじょういん》）

　　菩薩

　　菩薩

北　不空成就如来《ふくうじょうじゅにょらい》（施無畏印《せむいいん》）

　　菩薩

一見して明らかなように、大唐の初層（一階）において、巨大な心柱《しんばしら》を背に、それぞれ独特な印を結んで四方を向いている如来像は、東方の阿閦如来を筆頭とする金剛界マンダラの金剛界四仏である。そして中央の大日如来がないのは、心柱に代表される仏塔全体がそれにあたるからである。

東寺は密教情報発信の場

なお、各四仏に脇侍《きょうじ》としてつき従う二菩薩は、持物《じもつ》を持っている像もあり、本来は特化された尊名を持っていたはずである。『東宝記』を著わした杲宝は、不空訳の『八大菩薩曼荼羅経』に登場する八大菩薩かと推測しているが、私も同感である。

ただ、インドやチベットに見られる多くの作例から、八大菩薩は『大日経』・胎蔵マンダラの尊格グループなので、そうすると、東寺の五重塔初層の計十二体の仏像群は、空海の持論であった金胎融合の立体マンダラということになる。

空海当時の仏像がほとんど残っている講堂とは相違して、五重塔のものは江戸期の再興像なので軽率な結論は控えるが、空海が関与した当時の東寺は、彼が中国から持ち帰り、体系化した彼の密教の情報発信の基地であったことは疑いない。

その多くは、密教経典とそこに説かれる威力あるほとけの組み合わせ、そしてその姿・形である。このような尊格史と図像学は、私のとくに関心を持つところなので、機会があれば専著で触れたいが、要するに、東寺は空海の密教情報を発信する絶好の場であり、聖なるほとけとの合一体験を欲する即身成仏の道場というよりは、五大明王など威力あるほとけを本尊として、平安京を中心とする国家・国土を守護することを意図したのである。その最後の仕上げが、空海が最晩年に死力を尽くして実現にこぎつけた後七日御修法《ごしちにちみしほ》であった。

以上のように、高野山と東寺はいずれも空海と不可分に結びついた密教の寺であるが、空海の思想と行動の中に、積極的に活動して次々と種々の情報を発信し、相手に影響を与えていく時期と、逆に外界との接触よりも、むしろ大自然・大宇宙の懐に帰っていく時期の二極・二軸があったことを勘案すれば、同じ密教寺院であっても大きく性格が異なり、高野山が即身成仏と癒しの寺、東寺が密厳国《みつごんこく》土《ど》と情報発信の寺と対比することも決して無理ではないだろう。

第十章　著作と思想——教理と教判

空海の教理と教判

本書では、空海《くうかい》の生涯とその具体的な活動を、主に情報と癒《いや》しという二つの視点から再構築している。それゆえ、生涯の中で大きな役割を果たした著作、たとえば二十四歳のときに出家の宣言書の役割を兼ねて著作した『聾瞽指帰《ろうこしいき》』、さらには弘仁《こうにん》六年（八一五）に最澄《さいちょう》側の天台布教と対応する形で著わされた「諸々《もろもろ》の有縁《うえん》の衆を勧《すす》めて、秘密法蔵を写し奉るべき文」（『勧縁疏《かんえんのしょ》』）については、すでに言及した。

この章では、それ以後の空海の多彩な著作活動とそこに主張される思想、そして最後には著作年代の三つの要素をリンクさせながら立体的に論じてみよう。

先に、空海の思想体系について私なりのアプローチの枠組を設定すると、空海はすでに入唐《にっとう》する以前から比較思想の視点を有していた。それは仏教だけではなく、中国の本流思想とされていた儒教、さらには必ずしも日本には体系的に紹介されていなかった道教にも及んでいる。

そして、日本ではいまだ漠然としか把握されていなかった仏教の多様性が、中国で両部密教を受法することによって明確に理解されたのである。このような思想比較的方法論を、中国では教相判釈《きょうそうはんじゃく》、略して教判《きょうはん》と称したが、空海は教判という新たな理論武装によって、わが国の仏教界の中に密教を位置づけようとした。

確かに、最澄との決別は、密教を自己の仏教体系の中にいかに位置づけるかという一種の教判論の延長線上で理解することも可能だが、徳一《とくいつ》の『真言宗《しんごんしゅう》未決文《みけつもん》』などに見られる非常に根本的な質疑、そして何よりも密教が持ちうる独自の思想的意義と役割が求められていることを痛感した空海は、恵《けい》果《か》・不空《ふくう》・般若《はんにゃ》の言葉の中から、自立的説明原理、換言すれば他と比較する教判ではなく、自己のアイデンティティとしての密教論理を弘仁年間の後半から天長年間の前半にかけて必死に思索した。私はそれを仮に教理と呼んでいる。

さらに、上記の教理と教判は、その思想の方向性によって、縦と横、別の表現をすれば、垂直と水平に二分して把握することができる。以上を総合すれば、空海の思想スキームは次のように仮設することができる。

a　教理
　ア　縦の軸　即身成仏《そくしんじょうぶつ》
　イ　横の軸　密厳国土《みつごんこくど》（具体的には四恩《しおん》）
b　教判

ア　縦の軸　十住心《じゅうじゅうしん》
イ　横の軸　顕密対比

既存の思想との四つの相違点

そこで、次に弘仁六年（八一五）以後の空海の思想の軌跡を、このパラダイムを参考にしながら、再整理してみよう。

いかなる時代でも、また地域でも、新しい思想を打ち出す場合は、既成・既存のものと比較対照することが有効な方法である。弘仁六年四月一日、世にいう『勧縁疏』を著わして全国に密教宣布の旗を掲げた空海は、その直後、多くの経論《きょうろん》を引用した労作『弁顕密二教論《べんけんみつにきょうろん》』二巻を著わした。

その論点として、古来、以下の四つの相違点があげられることが多い。

(1)　能説の仏身
(2)　所説の教法
(3)　成仏の遅速
(4)　教益《きょうやく》の勝劣

第一の仏身観の相違は、ほとけ（仏）をどうとらえるかということである。大乗仏教の経論である『入楞伽経《にゅうりょうがきょう》』や『大智度論《だいちどろん》』においても、歴史的な釈迦仏と理念的な仏身である法身《ほっしん》の差異とその調和に注目したが、空海はその中間の仏身である受用身《じゅゆうしん》（報身《ほうじん》）のうちでもとくに自受用身《じじゅゆうしん》の役割を評価して、法身とのオーバーラップを試みたのである。元来は抽象的な存在である法身が説法するという解釈も、この流れに沿ったものである。

顕密対比の第二点である所説の教法の相違は、第一の仏身観の相違と不可分の関係にある。とりわけ、さとりの世界を表現できるとする果分可説《かぶんかせつ》の主張は、密教の言語論とも深くかかわっている。なかんずく、言葉を単なる伝達機能を持つのみの存在ではなく、「法身の三昧耶形《さんまやぎょう》」（実在世界の象徴）と見る態度は、第四の対比点である教益の勝劣（利益《りやく》の違い）に関して、聖なる言葉である陀羅《だら》尼《に》の誦持《じゅじ》を高く評価する立場と無関係ではなかろう。

即身成仏の独自性

残りの第三の成仏の遅速は、すでに中国密教で論じられていたが、空海は『菩提心論《ぼだいしんろん》』や『金剛《こんごう》頂《ちょう》五秘密経《ごひみつきょう》』によりながら、現在の生における速時成仏を説いている。

密教宣布の第一段階では、主に顕密対比の立場から密教の優越性を主張した空海であったが、既述のごとく、徳一からは「即身成仏疑」をはじめとする論理的な疑問点が発せられた。とくにこの問題は、顕密対比の第三の論点となりながら、従来は結果的、時間的に早いことのみが強調され、その根拠が必ずしも説明されていない恐れがあった。

そこで、高野山の創建がある程度の進展を見た頃、空海は、不空三蔵《さんぞう》の撰（実際には弟子あたりか）といわれる『金剛頂菩提心論』にのみその用語が説かれている「即身成仏」を独自に説明する著作の執筆に励んだ。

哲学的にいえば、やはり空海の密教思想の基本軸となるのは、聖と俗という本来異次元の両極を接続しようとする即身成仏の思想である。密教の密教たるゆえんは、現象の世界に身を置くわれわれの中にいかにして聖なる実在の境地を現成《げんじょう》するかにあるといっても過言ではない。この裏づけがなければ、いかなる加持祈禱《かじきとう》も亡者に対する追善回向《ついぜんえこう》も意味を持たない。空海はこの縦、つまり異次元をつなぐ垂直の構造を即身成仏と呼んだのである。

そこで、即身成仏の説明論理としては、『弁顕密二教論』の延長線上にある速時成仏から、六大《ろくだい》（地・水・火・風・空・識）の存在論と、四曼《しまん》（大・三・法・羯の四種マンダラ）の認識論と、身《しん》・口《く》・意《い》の三密《さんみつ》（行為形態）の実践論を、それぞれ体《たい》（本体）・相《そう》（様相）・用《ゆう》（作用）として、理論化した著作をまとめた。これが弘仁十年（八一九）頃の作とされる『即身成仏義』である。

なお、六大・四曼・三密は、いずれもインド仏教・密教の思想であるが、体・相・用という三つの視点から論じるのは、中国仏教で組み立てられた思想である。すなわち、空海はそれらを糾合止揚して、独特の日本密教の思想を組み立てたのである。

さらに、先述のように、顕密対比の第二の論点とされる所説の教法、つまり説かれた教えの言語表現の問題を論じた『声字実相義《しょうじじっそうぎ》』と『吽字義《うんじぎ》』を続けて著わしている。上記の三著作を「三部書《さんぶのしょ》」と呼んでいる。

密厳国土はネットワーク世界

以上の垂直の軸が密教の根本構造であるが、水平的な構造も認めることができる。それを教学用語としては、「密厳国土《みつごんこくど》」と称している。密厳国土とは、最初は「よく荘厳された仏国土《ぶっこくど》」の意味であったが、『大日経《だいにちきょう》』の注釈書を著わした一行禅師《いちぎょうぜんじ》などによって大日如来《だいにちにょらい》の世界に拡大解釈され、空海はそれを受けてマンダラ世界と理解した。そこでは、あらゆるものはほとけと不可分に結びついており、しかも水平的にもさまざまの縁で結ばれている。

空海はもう一人の師・般若三蔵の影響もあって、あらゆるものとの縁（関係）を「四恩」という言葉で表現した。四恩とは、対象世界全体を指す広義の使い方もあるが、具体的には父母・衆生《しゅじょう》・国王・三宝《さんぼう》（仏・法・僧）を指し、現代風に考えれば、家庭・社会・政治・宗教との関係ととらえることができる。いわばネットワークの世界であり、ほとけとの強いきずなで結ばれた人々が、理想的なマンダラ世界を築き上げていくことが密厳国土にほかならないのである。

こういう他者とのかかわり、あるいは社会の中の位置という関係論は、本書のテーマの一つである癒しの複数化というとらえ方もできる。入唐《にっとう》前の山林修行における大自然との一体化、あるいは秘境高野での大宇宙への浸透も、ある意味では個人的な癒しといえるが、空海は単なる論理本位の哲学者ではなく、むしろ自らを救い、他をも救う宗教者である。

そこで、人生後半期の弘仁末から天長期にかけては、四国の満濃池《まんのういけ》の修築や庶民の学校である綜芸《しゅげい》種智院《しゅちいん》の創設など、自分のみではなく、他とともに生きるという要素が多く見られるようになる。

横の教判と称される顕密対比からスタートした空海の思想遍歴は、最も鋭角的である即身成仏思想の模索と論理化を経て、晩年は他者を象徴とする社会の中に真言密教を位置づけようとする。

空海思想の最後の仕上げ

最後の思想的仕上げが、世に「十住心論《じゅうじゅうしんろん》」といわれるものである。

天長七年（八三〇）、時の淳和《じゅんな》天皇は既存の仏教各宗に勅《みことのり》を下し、それぞれの宗の教えをまとめて進上するように命じた。比較的世情が安定した時代であり、彼自身、兄の嵯峨天皇よりも仏教に関心が深かったので、それらを整理・体系化する段階が来たともいえる。

法相宗《ほっそうしゅう》の護命《ごみょう》の『大乗法相研神章』五巻、華厳宗《けごんしゅう》の普機《ふき》の『華厳宗一乗開心論』六巻などとともに、真言宗の空海も『秘密曼荼羅十住心論《ひみつまんだらじゅうじゅうしんろん》』十巻を撰述した。その内容は、密教の特色を生かした一種の教判論であり、若き頃の『三教指帰《さんごうしいき》』が三種の宗教の対比と教判にとどまっていたのに対し、仏教の内容を七つに分け、心が次第に発達して（心品転昇《しんぽんてんしょう》）、最後には密教の心に到着する過程をみごとに描き出している。

第一住心　異生羝羊心《いしょうていようしん》　本能（食欲と性欲）

第二住心　愚童持斎心《ぐどうじさいしん》　倫理（儒教）

第三住心　嬰童無畏心《ようどうむいしん》　他宗教（道教・ヒンドゥー教）

第四住心　唯蘊無我心《ゆいうんむがしん》　声聞乗《しょうもんじょう》
第五住心　抜業因種心《ばつごういんじゅしん》　縁覚乗《えんがくじょう》
第六住心　他縁大乗心《たえんだいじょうしん》　法相宗
第七住心　覚心不生心《かくしんふしょうしん》　三論宗
第八住心　一道無為心《いちどうむいしん》　天台宗
第九住心　極無自性心《ごくむじしょうしん》　華厳宗
第十住心　秘密荘厳心《ひみつしょうごんしん》　真言宗

十住心の解釈には、前の九住心を顕教《けんぎょう》、最後の秘密荘厳心のみを密教と見る九顕一密《くけんいちみつ》の立場と、前の九住心ですらより高い視野から眺めると密教的に把握することが可能であるとする九顕十密の立場があり、空海は前者を浅略《せんりゃく》（浅い理解）、後者を深秘《じんぴ》（深い理解）と呼んでいる。こうした視点の変換も密教の特徴の一つである。

このように、ひと口に思想といっても、その内容は数種のとらえ方に細分化できるが、すべてが密教の総合思想を分掌しているといい換えることができ、空海は六十二年の生涯の中で各思想を遍歴し、マンダラ的・全体的に自分のものとしていったのである。

終章　入定と大師信仰——空海から弘法大師へ

最後の二大事業

人間空海《くうかい》に主たるスポットをあてながら生涯をたどってきたが、歴史的時間の中で生命を持続できる期間は残り少なくなってきた。広大な大自然の中で自由に生きるだけでなく、さまざまな利害関係のうずまく人間社会の中でも、そのポジティブなネットワークを生かしながら巧みに生きてきた空海ではあったが、四十歳、五十歳、そして六十歳の頃には、身体的もしくは精神的に不調を訴えたときもあったようだ。

そういう彼を評して瀬戸内型循環気質と呼ぶ精神病理学者もいるが、自然と人間のいずれに対しても自由奔放に接してきた空海も、次第に身体面から老いを感じるようになってきたことは否定できない。

そのような中にあって、少しずつ高野山《こうやさん》への隠棲の気持ちが強まってくる空海が、情報の都・平安京で結果的に最後に力を入れた大きな仕事が、綜芸種智院《しゅげいしゅちいん》の創設と後七日御修法《ごしちにちみしほ》の始修である。

いずれも対社会的な活動と理解することができるが、このうちで早く作動したのは、天長年間の初期に創設された、世界でもはじめてというべき私立の総合大学にあたる綜芸種智院である。

以前、たまたま私が学長を務めさせていただいていた京都の種智院大学は、その名称の示すように、空海が開いた綜芸種智院の流れをくんでいる。綜芸種智院は、組織的には空海入定《にゅうじょう》後十二年の承和《じょうわ》十四年（八四七）に東寺の重要な伝法会《でんぽうえ》の資金づくりのために用地を売却しなければならなくなった。その後、長い断絶ののち、明治十四年（一八八一）に全真言宗の総黌《そうこう》（総合学校）として東寺の北側に再興され、戦後の学制改革を経て昭和二十四年（一九四九）には種智院大学として発足し、平成十一年（一九九九）には改組して現在地（京都市伏見区向島）に移転している。

理想の学校・綜芸種智院

さて、空海の生涯と業績を語る際に必ず登場する綜芸種智院の創設であるが、直接言及する一次史料としては、『性霊集《せいれいしゅう》』の第十巻、正確には十一世紀の後半に、仁和寺《にんなじ》の学匠であった済暹《さいせん》によって補撰された『続遍照発揮性霊集補闕鈔《ぞくへんじょうはっきせいれいしゅうほけつしょう》』の第十巻に収録されている「綜芸種智院の式、幷《ならび》に序」のみである。

そこにおいて、

貧道《ひんどう》（空海）物を済《すく》うに意《こころ》あって、ひそかに三教（儒・道・仏の教え）の院を置かんことをこいねがう。

（中略）

給狐《ぎっこ》（スダッタ長者）の金を敷くことを労せずして、たちまちに勝軍《しょうぐん》（波斯匿王《はしのくおう》）の林泉（邸宅）を得たり。本願たちまちに感じて、名をたてて綜芸種智院という（後略）

と述べている。これはいわゆるインドの祇園精舎《ぎおんしょうじゃ》奉献の故事で、孤独な人に食を給していたので給《ぎっ》孤独長者《こどくちょうじゃ》といわれていたスダッタ長者が、釈尊のために波斯匿王の息子である祇陀太子《ぎだたいし》の林園に精舎を建立して寄進したいと思い、譲ってほしいと願い出たところ、林園に金貨を敷き詰めた分だけ譲ってやるとからかわれた。そこで長者がほんとうに金貨を敷き詰めはじめると、事情を知った祇陀太子は林園の提供を申し出、ともに奉献したという話を引いている。それと同じように、綜芸種智院もある個人の善意によって建立されたと言っているのである。

おそらく若き日に都の大学に入学したものの、その儒教精神に基づく官吏養成的傾向や貴族中心の入学資格など多くの弊害によって、向学・好学の若者が自由に幅広い学問を修めることができなかった苦い思い出が積もっていたのであろう。

そんな折に、幸い時の実力者の一人・藤原三守《ふじわらのみもり》（七八五〜八四〇）から私邸提供のありがたい申し出があった。そこで空海は祇園精舎が寄贈された故事を取り上げ、その恩を謝しているのである。

空海は、身分を問わず、しかも儒教だけでなく、道教、仏教、その他世間の諸学も含んだ幅広い学問を教授するための理想の私学を創設する希望を、いつの頃からかはぐくんでいたのであった。そんな空海に東寺の東隣の私邸を提供した藤原三守も、世にいう嵯峨《さが》ブレーンの一人であった。性格は温恭ながら決断は明断であったといわれ、しかもその室（妻）は、嵯峨帝の妃の檀林皇后《だんりんこうごう》・橘 嘉智子《たちばなのかちこ》の実姉という毛並みのよさであった。

すでに、空海と嵯峨天皇とそれを取り巻く藤原冬嗣《ふじわらのふゆつぐ》・藤原三守・良岑安世《よしみねのやすよ》・小野岑守《おののみねもり》などの官僚たちとの親密な関係については触れたが、自らすべてをかけて天台宗の確立と大乗戒壇の設立に全精力を傾注した最澄《さいちょう》の場合とは少し異なり、空海と嵯峨帝、および若手のブレーンたちの関係には、真言密教の修法《しゅほう》の威力による国家安穏という表向きの関係とともに、漢詩・書跡・教育・外交など肩肘張らない文化情報提供者としての交渉もあった。

もちろん、両者はまったく別の存在ではなく、空海という一個の人格を通して外に発信されるものであったが、綜芸種智院の場合も、その式と序の中には、以下の興味深い理想が掲げられている。

(1) 教育環境の重要性　(処)
(2) 総合的教育内容　(法)
(3) 多様な教師　(師)
(4) 完全給付制　(資)

つまり、真言密教だけ、あるいは少し門戸を広げて仏教だけを学ぶという限定された目的の教育機関ではなく、学問対象も当時の文化すべてを意図したものであった。それゆえ、結果的には、一見諸行無常の現実世界の中にも真理は常にひそんでいるのであり、不要なものは何もなく、必ず意義を含んでいるという空海の発想は、まさに密教の持つ総合性を表現したものであり、それを教育というシステムの中で試みたのが綜芸種智院であったと考えられる。

ただし近年、複数の学者から、実際に綜芸種智院が創設され、活動したかについて危惧をいだく意見が少なからず出ている。確かに藤原氏の勧学院、和気氏の弘文院などの私学については、その教員やカリキュラムを示す資料は残されていない。本書では、空海が理想的な学校を意図した意義を重視しておきたい。

御修法の始修

平安京の都の要所・東寺に片方の軸足を置き、天台宗や南都仏教と共存しながら、しかも上からの密教教化を念願した空海は、思想的には『秘密曼荼羅十住心論《ひみつまんだらじゅうじゅうしんろん》』を著わすことによって、天台宗をも含むすべての仏教を独自の体系の中に組み入れたが、次第に隠棲の地・高野山へ重点を移していく中で、最後に重要な行動を行なうことになる。

それが、弘仁《こうにん》元年（八一〇）にはじめて高雄山寺《たかおさんじ》において国家のために修法した、護国修法の定例化を目指した「後七日御修法」の定置である。

空海入定の四カ月前の承和元年（八三四）十二月十九日に、空海は毎年正月における金光明最勝《こんこうみょうさいしょう》会《え》において、それとは別に真言の法による修法を行なうことを上奏して許可されている（『続日本後紀《しょくにほんこうき》』承和元年十二月乙未条《きのとひつじのじょう》）。

平安朝では、正月の宗教行事として二種の行事が連続して行なわれていた。まず元旦から七日間は、神式（実質的には陰陽道と道教の融合）にのっとって天皇等が四方を拝する四方拝、そして八日から一週間は、仏式による国家安穏祈願の金光明最勝会である。後期大乗経典の『金光明経』、とくに最も新しい義浄訳の『金光明最勝王経』を読誦《どくじゆ》することによって四天王が国を守ると説かれ、この法会《ほうえ》が奈良朝以来重視されてきたことは広く知られている。

空海は、六十二年の生涯最後の上表として、従来の経典の講説による法要では、医薬書が病気や薬についてあれこれ論じているだけであるのと同じだと突きつけた。実際に病気を癒《いや》すには薬を調合して飲ませなければならない。それには、大乗経典、つまり顕教《けんぎよう》の解説的な方法だけではなく、修法の威力を必ず生み出す密教のやり方が有効であることを主張したのである。

具体的には、正月八日より七日間（後七日）、従来の経典講説と並行して真言の法に通達した僧十四人等をもって国家鎮護の修法を行なわんことを奏上した。

当時、天皇は嵯峨太皇の弟の淳和《じゆんな》帝から嵯峨の子の仁明《にんみよう》帝に移っていたが、朝廷は勅《みことのり》によってこれを許し、永く恒例とせしめた。そして、綜芸種智院の恩人であり、晩年の空海に対して同情的であった藤原三守の宣による十二月二十九日の太政官符《だいじようかんぷ》によって、それ以来空海の上表に基づく修法が毎年定例として行なわれることとなった。世にいう後七日御修法である。

すなわち、宮中における国家的な仏教行事が、公的に密教によって修されることとなったのである。

最初は中国の不空三蔵《ふくうさんぞう》の宮中の内道場ではじまった密教修法が、空海の入寂直前になってわが国で制度化されたわけである。

明けて承和二年（八三五）一月、はじめて自らこの修法を両界マンダラや五大明王・十二天などの大法立てで、弟子を引きつれて修法した空海は、あたかも大事をなし遂《と》げたように高野山に退いたのであった。空海、入寂まであと二カ月のことであった。

菩薩・空海

京都の諸寺を一方のよりどころとした空海の社会に向けての情報発信と密教の威力による衆生救済・教化《きょうけ》の積極的活動は枚挙にいとまがなく、ほかにも弘仁十二年（八二一）五月、空海の生国である讃岐国《さぬきのくに》の国司から朝廷に対し、空海を万濃池《まんのういけ》修築の別当《べっとう》（監督責任者）にあてるよう上申があったことが知られている。

『日本紀略』に引用される文では、「百姓《ひやくせい》、恋慕すること父母《ぶも》のごとし」とあり、空海が単に知識に優れた学僧や当代屈指の文化人というだけではなく、むしろ奈良時代に土木工事や貧民救済に挺身し、民衆の間に「菩薩《ぼさつ》」として慕われた行基《ぎようき》の流れを引く教化僧としての期待があったからに違いない。

一方では、ごく短期間に難工事をみごとに完了させたことによって、空海自身が長安滞在中に、土木・建築などの最先端の技術情報を入手していた可能性も指摘されるが、空海の場合は、聖なる寂《じやく》静《じよう》に対するスタンスと、俗なる現実での大衆教化の効果というスタンスの二方向の関心と方法論をあわせ持っていたことは重要である。なお、現在は満濃池と呼ばれている。

しかし、齢《よわい》六十を越え、おのが生命の定めをさとりつつあった空海は、次第に安らぎの地・高野に最後の場を求めるようになった。密教道場の根本となる高野山の伽藍《がらん》建立は、その地の不便さから容易に進まなかったが、天長九年（八三二）の八月、ようやく最初の法会である万燈《まんどう》・万華会《まんげえ》が高野山で行なわれたという（『性霊集』第八巻）。

とくに、万燈会の願文《がんもん》（法要のとき、導師が唱える文）に認められる「虚空尽き、衆生尽き、涅槃《ねはん》尽きなば、我が願も尽きなむ」という大自然と人間とさとりとの一体を詠《うた》い上げるとともに、あらゆる人々が救われるまで私は一人だけさとりの世界に旅立たないという宣言は、どちらかといえば個人の安逸にとどまりがちなスケールの小さな癒しに比べて、まさに癒しの極みということができる。空海は、次第に根源の世界に還帰しつつあったのである。

入　定

承和二年（八三五）正月、この現在の世が密教の修法の威力で平安に続くことを念じる後七日御修法を宮中の真言院で弟子たちを従えて始修した空海は、二月末にはやっとある程度の建物が整いつつあった高野山の金剛峯寺《こんごうぶじ》に定額《じょうがく》（寺額）を授かり、官寺《かんじ》に準ずる寺となることができた。

なすべきことをすべてなし終えたとされる空海は、すでに以前より食物を制限しており、多くの弟子たちに遺戒《ゆいかい》を残し、承和二年三月二十一日、自らが愛した高野の地において永遠の定《じょう》に入った。

本書の冒頭で紹介した『続日本後紀《しよくにほんこうき》』の卒伝では、万感を込めて「大僧都伝燈大法師位《だいそうずでんとうだいほっしい》の空海が紀伊国《きいのくに》の禅居に終《お》わる」と記されている。臨終前にあとをゆだねられた長老の弟子・実慧《じちえ》は、のちに中国長安の青龍寺《せいりゆうじ》の同朋僧に送った手紙に、

二年の季春（三月）、薪尽き、火滅す。行年六十二。嗚呼《ああ》、哀しいかな。南山《なんざん》（高野山）、白に変じ、雲樹、悲を含む。一人《いちにん》（天皇）傷悼《しようとう》（心から哀悼）し、弔使《ちようし》、馳騖《ちぶ》す（はせ参じる）。四輩、嗚咽《おえつ》して、父母《ぶも》を哭《こく》するがごとし、嗚呼哀しいかな

と述べ、偉大な師を失った嘆きを素直に表わしている。

勅命により、直ちに内舎人《うどねり》が都から高野山に遣わされ、空海の喪をとむらい、仁明天皇からは喪料（香典）が施された。長年親交のあった嵯峨太皇からも弔意が届けられている。

まさに巨星墜《お》つの感があるが、聖俗の両界を自由に往来した空海は、兜率《とそつ》（弥勒《みろく》の浄土）へと旅立ったのである。

弘法大師の誕生

本書の冒頭で触れたように、広義に「空海」と呼ばれる歴史的、かつ宗教的な存在は、あたかも出世魚のブリのように、少なくとも四つの名前で呼ばれていた。早いものから順に並べると、幼少時代の俗名の「真魚《まお》」、正式な得度《とくど》以降の僧名の「空海」、そして密教の伝法灌頂《でんぽうかんじよう》を受けて以後の灌頂名・金剛名としての「遍照金剛《へんじようこんごう》」である。もっとも、密教の阿闍梨《あじやり》になっても、広い意味の仏教僧とし

て対外的に接する場合は、あえて「空海」と名乗ることも決して少なくない。

空海としての六十二年の生涯の中では、聖なるものを大宇宙・大自然、あるいは師資相承《ししそうじょう》の秘法の中にそれを求めた時代と、長安の都や平安京の都で、仏教、とくに密教に関する宗教情報、さらには聖俗という仮想的な垂直関係を必要としない幅広い世俗情報をしきりに求めた時代もあった。

すでに歴史上の人間空海の中に、聖俗の垂直構造と俗俗の水平構造をあわせ持っており、その有効な調和が空海の思想と行動の顕著な特徴であるのみならず、インドと中国という二種の性格の異なる密教を統合止揚した日本密教の体現であるといってよかろう。

そして、最後に歴史的空海をより哲学的、宗教的にレヴェル・アップさせたのが、「弘法大師《こうぼうだいし》」という存在である。先に触れたように、遷化した高僧・偉僧に為政者（原則として天皇）が「〇〇大師」という師号を下賜《かし》することは、最澄・円仁《えんにん》を始例として珍しいことではない。

空海の場合はむしろ遅かった感もあるが、醍醐寺《だいごじ》を開いた聖宝尊師《しょうぼうそんし》（八三二〜九〇九）の弟子で、のちの東寺長者、金剛峯寺《こんごうぶじ》・醍醐寺両座主《ざす》を歴任兼摂した観賢僧正《かんげんそうじょう》が、醍醐天皇の延喜《えんぎ》二十一年（九二一）十月十一日に提出した奏状、「諡号《しごう》（おくり名）、真言根本阿闍梨・贈大僧正・法印・大和尚位空海に追賜《ついし》を被《こうむ》ることを請う事」において、故空海僧正に大師号を賜わりたい旨を奏上した。実は、先に二人の大師位を得た天台宗に対する対抗の意味もあって、三年前の延喜十八年（九一八）八月にも寛平《かんぴょう》（宇多《うだ》）法皇が、自ら「諡号を賜わらんことを請う表」を醍醐帝に提出し、当時権大僧都《ごんのだいそうず》の観賢もまた同年十月十六日に上表したが、何の沙汰もなかった。

なぜならば、醍醐天皇は先帝宇多の第一子であったにもかかわらず、有名な菅原道真《すがわらのみちざね》を登用した宇多帝に対し、跡を継いだ醍醐帝はライバルの藤原時平《ふじわらのときひら》・忠平《ただひら》にくみし、世にいう道真の悲劇を生み出した。また、宗教勢力的に見ても、宇多法皇が真言宗系でも仁和寺を中心とする広沢法脈に身を置いたのに対し、醍醐天皇は直系の朱雀《すざく》・村上の二帝とともに同じ真言宗でも醍醐寺を中心とする小野法脈との関連を重視したのである。その結果、実の親子とはいいながら、空海の時代の嵯峨上皇と仁明天皇のような政治的、および宗教的一貫性は望むべくもなかった。

だが、そのような困難な時代情勢の中で、やっと大師号追賜を実現させたのは、先述の醍醐寺座主・東寺長者などの要職を兼任した観賢僧正の実力のしからしむるところであった。観賢は、延喜二十一年十月十一日の三回目の奏上の九日前にあたる十月二日にも奏状を上表しており、そこでは「本覚大師《ほんがくだいし》」の諡号を特定して奏請している。

実力者・観賢のいささか強硬な諡号追賜の奏請もあって、ついに同年十月二十七日、大師号宣下が下り、勅使の少納言平朝臣維助《しょうなごんたいらのあそんこれすけ》が勅書を奉じて高野山に至った。この文中に、

諡《おくりな》として弘法大師と号すべし

とあるように、ここに弘法大師（すなわち仏法を弘める聖者・大師）と呼ばれる存在がはじめて登場したのである。

神格化される空海

なお、真言密教の大プロパガンダ（宣伝者）であった観賢は、歴史的空海に結果的に三つの重要な要素を与えた。こういう情報発信性は、隔世の師・空海を意識したものであることは疑いない。

第一は、延喜十年（九一〇）三月、根本道場にあたる東寺の灌頂院《かんじょういん》において、はじめて空海の命日の二十一日に御影供《みえく》、つまり空海の追善法要を行ない、後世の恒例としたことである。

第二は、師の聖宝の没後、東寺の九代長者になったこともあって、東寺を中心とする真言宗再編成に尽力したことである。定説とするには至らないが、いく種かある『御遺告《ごゆいごう》』のうち、最も浩瀚《こうかん》な『二十五箇条の御遺告』は、観賢の作ともいわれている。

第三は、すでに取り上げたように、延喜二十一年についに「弘法大師」の諡号を賜わったことである。史実としても、人間空海に天皇という政治的権威者から「弘法大師」という新しい名前が与えられたことは、歴史上の空海と彼の興した真言密教にさらなる付加価値が与えられたことになる。

その結果、十一世紀頃に編纂された空海伝記類になると、空海が衆生救済のために聖地高野山で永遠の定に入っているとする入定《にゅうじょう》信仰が次第にできあがってくる中で、この大師号追賜の話もロマン的展開を遂げ、十二世紀頃成立した『今昔物語集《こんじゃくものがたりしゅう》』になると、次のような話ができあがり、中世初期の人々の間に深く浸透していったのである。

延喜二十一年の弘法大師号の下賜とともに、醍醐天皇から檜皮色《ひわだいろ》（濃茶色）の御衣《ぎょえ》を大師に賜わった功労者の観賢は、弟子の寛空《かんくう》・淳祐《しゅんにゅう》らとともに高野山の奥の院の御廟《ごびょう》を訪れ、廟窟の中に入ると、大師は生けるがごとく定（瞑想）に入っておられ、うっすらとひげも生えていたという。感激のあまり、観賢らはそのひげを剃り、天皇からいただいた御衣に着替えさせた。ただ、まだ修行中の若い淳祐は、力及ばぬため生身の大師を直接見ることができなかったが、幸い直接触れた大師の御身《おんみ》と御衣から不思議な薫《かお》りが淳祐の衣に伝わり、彼がのちに著わした石山寺《いしやまでら》の聖教《しょうぎょう》（密教のテキスト）を世に「薫《におい》の聖教《しょうぎょう》」と称すという。

世界は「ものごと」がすべてという唯物論の発想では、このような荒唐無稽な話は、むしろ後世の高野山を中心とする聖《ひじり》集団が聖地高野山、世にいう高野浄土を全国に鼓吹するためのキャンペーンであったというだろう。確かに数多い伝記資料を時代的に積み重ねていくと、次第に多くの神秘的な要素が加重され、いわゆる大師の神格化が進んでいくプロセスを跡づけることができる。

本書は、最初にも断ったように、やはり人間空海が歴史世界の中で実際どのようなことに情熱を燃やし、何を求めて波乱万丈の生涯を送ったかを、できるだけ実像に迫ることによって浮かび上がらせようとした。その答えを一つだけに限定するならば、「密教との出会い」ということになるが、本書では密教の持つ聖性志向と俗性応用の二面性を「癒し」と「情報」という二つのキーワードで空海の生涯とその思想、行動の中で探ろうとしたつもりである。

結論的にいえば、密教者としての空海には、現代の情報学の基礎にあたる要素は、ほとんど見いだすことができる。それぞれ一つの仏教を選び取ろうとした鎌倉仏教の法然、親鸞、日蓮、道元などの祖師たちとは異なり、空海は明らかに多重情報型の人であった。

また、もう一方のキーワードである癒しについては、現代社会で用いられている治癒・回復を特徴とする狭義の癒しとは少し感覚と内容が異なっている。この点は、むしろ弘法大師という存在性を与えられて以後、いわば永遠を生きる救いの象徴としてクローズアップされるが、綜芸種智院の開創など庶民教化にも多くの努力を払った空海とはいえ、その主眼点は大自然、大宇宙などの聖なるものと合一、もしくはその中に自分を投入することによって癒されるという積極的、もしくは、やや難行的癒しであったといえるだろう。

いずれにしても、近年そして現代の特徴を表現する「情報」と「癒し」という二つの文化的要素を、一千二百年以上も前の空海が、すでにその思想と行動で表わしていたことは特筆しておきたい。

なお、第四の名前である弘法大師としての空海を考えると、同様な流れをたどった菅原道真（天神）の場合と同様、神格化のダイナミズムが働いたことは事実である。換言すれば、人間空海からほとけ弘法大師へとその存在性の質を高めていったといえよう。

四国遍路のユニホームとされる白衣《びゃくえ》の背に「南無大師遍照金剛《なむだいしへんじょうこんごう》」と書かれ、また一人で遍路しても「同行《どうぎょう》二人《ににん》」といわれるのは、歴史上の空海を根底に置きながら、しかも時間的・空間的にそれを超えた「法身《ほっしん》・弘法大師」が、いわば「さとりの化身」となって人々の生きる世界の象徴的シンボルになった所産といえるだろう。

そして、いまもなお四国の八十八カ所霊場や高野山などで一心に読経し、祈願している多くの老若男女を見ると、癒しが救いと一体化して生き続けているのだと実感されるのである。

おわりに

本書の原著にあたる『空海と密教――「情報」と「癒し」の扉をひらく』(PHP新書)が世に出たのは、平成十四年(二〇〇二)のことであった。当時は、ちょうど弘法大師《こうぼうだいし》・空海の入唐《にっとう》千二百年の吉年を控え、全国主要都市の博物館・美術館で「空海と密教美術展」が開かれ、私も縁あって翌平成十五年(二〇〇三)、NHK教育テレビの人間講座で、「空海・平安のマルチ文化人」を八回にわたり放映させていただいた。

旧著ならびに本著にも少し言及があるように、当時は阪神・淡路大震災からすでに数年以上たち、復旧・復興も進みつつあった。私も、空海がもたらした両部《りょうぶ》(二部)のマンダラの中に人びとが共生・共働するヒントがあるのではないかと説いたことがある。

また、私が種智院大学の学長に迎えられた頃であり、少し熱が冷めてきたとはいえ、情報化と癒しへの関心は、まだまだ強かったといえる。このうち、情報化はさらに高度化・複雑化され、もはやワープロとメールしか駆使できない私の領域をはるかに超えている。

一方、癒しについては、「ゆとり教育」などと関連を持ちながらいささか右往左往していたが、その後、少し内容と系統の異なる「スピリチュアル（ケア）」が登場し、さらに関心を広め、深めていった。ところが、平成二十三年（二〇一一）三月十一日、あの東日本大震災が発生し、地震に加えて大津波、さらにはこれまで想定されていなかった原発事故という大問題が生じ、社会全体の危機意識を含めて考えざるを得なくなった。もちろん、現場での救済、癒しに関しては、「寄り添い」「臨床宗教師」など新しいアプローチも登場しているが、全体的に見れば、かつて脚光を浴びた「癒し」は、さらなる深化と広がりを求められると判断しても間違いはなかろう。

私自身にとっても、その後、四国遍路、熊野古道などの調査と研究に専念する機会があり、空海研究からは少し遠ざかったが、聖地・聖域を極力データ化し、公共化する「情報」と大自然の中にいます神・仏などの「聖なるもの」との出会いを模索する努力をより実感する、「癒し」を改めて体験することができた。そういう意味では、旧著に大幅に加筆した本書が刊行されることにも大いに意義があると確信している。

また、個人的にも、昨年思いもかけぬ病魔に襲われ、闘病生活を余儀なくされたが、やはり「病気」そのものに対する「情報」の正確な知識と理解と、精神的・スピリチュアル的には、「癒し」「救い」「安心」とまさに対面する必要に迫られている。つまり、現実の場においても、大先達・空海と、改めてより深く対峙したいと思っている。

最後になったが、体調不調の折、改訂・出版の機会を与えていただいたＰＨＰ研究所学芸出版部の菱田美鳥氏、校正作業に助力いただいた那須真裕美氏、ならびに図版掲載に御許可をいただいた方々に心から御礼を申し上げる次第である。

平成二十七年一月二十一日

頼富本宏

弘法大師関連年表

西暦	和暦	年齢	弘法大師空海事跡	一般事跡
七七四	宝亀　五	一	讃岐国多度郡屛風ヶ浦に誕生。父は佐伯氏。母は阿刀氏。	
七八一	天応　元	八		4・3桓武天皇即位。
七八八	延暦　七	十五	この頃、外舅阿刀大足に論語・孝経などを学ぶ。	7最澄、比叡山寺を創建。
七九一	十	十八	この年、大学明経科に入学し、味酒浄成、岡田牛養らについて、毛詩・左伝等を修学。以後、一沙門から『虚空蔵菩薩求聞持法』を受け、阿波国大滝ヶ岳、土佐国室戸崎などで修行す。	
七九四	十三	二十一		10・22平安遷都。
七九六	十五	二十三		この年、東寺創建。
七九七	十六	二十四	12『聾瞽指帰』二巻を著わし、儒教・道教・仏教の優劣を論ず。のちに『三教指帰』三巻と改訂し、序文等を書き改める。	12・10最澄、内供奉十禅師に補される。
八〇四	二十三	三十一	4・7出家得度、この頃までに空海を名のる。 一説に、4・9東大寺戒壇院にて受戒。 5・12遣唐大使藤原葛野麻呂と同船して、入唐の途につく。	

			7・6肥前国田浦を発す。 8・10福州長渓県赤岸鎮に至る。 12・23長安に至る。 12・24大使、皇帝に接見す。	7・6最澄、同じ遣唐使節団の第二船に乗り、肥前国田浦を発す。 9・26最澄、台州に至る。
八〇五	二十四	三十二	2・11大使一行、長安を去り、空海、西明寺に移る。以後、般若、牟尼室利のインド僧に梵語等を学ぶ。 6上旬、青龍寺において恵果和尚について三昧耶戒、胎蔵の灌頂を受く。 7上旬、金剛界の灌頂を受く。 8上旬、伝法阿闍梨の灌頂を受く。 8李真等に曼荼羅・祖師図等を図絵させる。 12・15恵果和尚、青龍寺東塔院にて入寂す。	4・18最澄、越州にて順暁阿闍梨より密法を受く。 5・18藤原葛野麻呂、最澄等、明州を発して帰途につく。 7・4最澄、朝廷に復命。 9最澄、高雄山寺においてはじめて灌頂を修す。
八〇六	大同 元	三十三	1・17恵果和尚の碑銘を撰書す。 8高階遠成等と明州を発し、帰途につく。十月頃までに帰国。 10・22新請来の経律論、仏像、曼荼羅などの目録を進献す。	3・17桓武天皇、崩ず。 5・18平城天皇、即位。
八〇七	二	三十四	2・11太宰府にて、田中氏の母の一周忌を修し、千手観音等十三尊を図絵す。	11・12伊予親王、母吉子とともに川原寺に幽閉され自害す。

八〇九	四	三十六	7・16和泉国より平安京に入住せしむ。 8・24最澄、弟子を空海の許に遣わして、密教経典十二部の借覧を請う。 10・3勅によりて、世説の屛風を書きて進献す。	4・13嵯峨天皇、即位。 4・14高岳親王を皇太子とす。
八一〇	弘仁　元	三十七	10・27高雄山寺において国家のために『仁王経』『守護経』などにより修法せんことを請う。	9・10藤原薬子・仲成等、平城上皇の重祚に失敗。 10高岳親王、出家し、真如と号す。
八一一	二	三十八	2・14最澄、空海に真言法門の受学を請う。 6・27『劉希夷集』四巻等を書写し、嵯峨天皇に進献す。 10・27山城国乙訓寺の別当に補せらる。	5・23坂上田村麻呂没す。
八一二	三	三十九	7・29『急就章』『王昌齢集』等を進献す。 10・27乙訓寺にて最澄に灌頂授法を約す。 11・15高雄山寺において金剛界結縁灌頂を開壇、最澄・和気真綱などに授ける。 12・14胎蔵結縁灌頂を開壇、最澄・円澄・泰範など僧俗百九十三人に授ける。	10・27最澄、乙訓寺に空海を訪問す。 11・19最澄、藤原冬嗣に灌頂費用の援助を請う。
八一三	四	四十	3・6高雄山寺において金剛界結縁灌頂を開壇す。 10・25藤原葛野麻呂のために『金剛般若経』の書写供養を行なう。	1・18最澄、弟子円澄・泰範等を空海のもとに遣わして真言法を受学せしむ。

			11最澄からの『理趣釈経』借覧の求めに断りの答書を出す。	11・25最澄、空海に『文殊讃法身礼方円図』等の借覧を請う。
八一四	五	四十一	閏7・8『梵字悉曇字母並釈義』など十巻を進献す。	1・14最澄、勅により宮中に法華一乗教を講演す。
八一五	六	四十二	4いわゆる『勧縁疏』を撰し、弟子を徳一・広智などのところに遣わし、密教経典の書写を勧める。この頃、『弁顕密二教論』を撰す。	1・7唐僧如宝寂。
八一六	七	四十三	6・19修禅の道場建立のため、上表して高野山の下賜を請う。 7・8勅許あり、高野山を賜う。 10・14嵯峨天皇の病気平癒を加持祈願す。	2・10最澄、泰範に書を寄せ、帰山を勧む。この年、最澄『依憑天台集序』を撰す。
八一七	八	四十四	この年、弟子の実慧等を派遣し、高野山の開創に着手。	3日光の勝道寂。
八一八	九	四十五	11中旬、勅許後、はじめて高野山に登り、禅院を経営す。	11・10藤原葛野麻呂没す。
八一九	十	四十六	1東大寺に「金光明四天王護国之寺」の扁額を揮毫。この頃『広付法伝』『即身成仏義』『声字実相義』『吽字義』を撰す。	3朝廷、円頓戒壇建立の可否を僧綱に下問。この年、最澄『顕戒論』を著わす。
八二〇	十一	四十七	5『文鏡秘府論』を抄録し、『文筆眼心抄』を撰す。	4・21藤原冬嗣等『弘仁格』等を撰上。
八二一	十二	四十八	5・27讃岐国万濃池の修築別当に補せらる。	この年藤原冬嗣、勧学院

八二二	十三	四十九	9・7請来の曼荼羅、祖師影等二十六鋪（点）を新写せしむ。この頃、禅念に集中。2・11東大寺に真言院を建立。この年平城上皇に灌頂を授く。	を創立。6・4最澄、入寂。
八二三	十四	五十	1・19東寺を給預せられ、請来の曼荼羅・経論等を収蔵す。10・10『三学録』を奉進し、東寺に真言宗僧五十口を置くという。	4・16嵯峨天皇譲位。4・27淳和天皇即位。
八二四	天長　元	五十一	一説に、神泉苑にて請雨経法を修す。3・26少僧都に任ぜらる。4・6上表して少僧都を辞す。6・16造東寺別当に補せらる。	6・22義真、天台座主につく。7・7平城上皇崩ず。
八二五	二	五十二	4・20東寺講堂の建立に着手。5・14弟子智泉、高野山にて入寂。9・25「大和州益田池碑銘并序」を撰書す。	
八二七	四	五十四	5・26内裏にて祈雨法を修す。5・28大僧都に任ぜらる。	5・2延暦寺戒壇院建つ。
八二八	五	五十五	3・11摂津大輪田造船瀬所別当に補せらる。12・15東寺の東に綜芸種智院を創立し、「綜芸種智院式并序」を撰す。	この年、円珍、比叡山に登り、義真に師事。
八二九	六	五十六	この年、和気真綱・仲世等、神護寺を空海に付嘱す。	
八三〇	七	五十七	この年、勅により『秘密曼荼羅十住心論』『秘蔵宝鑰』を撰述。	7・6良岑安世没す。
八三一	八	五十八	6・7東寺において真雅に伝法灌頂職位を授く。	

八三二	九	五十九	8・22高野山において万燈・万華二会を修す。	7・5西寺の講堂に仏像を慶す。
八三三	十	六十	一説に、この年、高野山を真然に付嘱し、実慧に助成せしむ。	2・18淳和天皇退位。 3・6仁明天皇即位。
八三四	承和 元	六十一	2『般若心経秘鍵』を講ず。 8・23高野山に仏塔二基・両部曼荼羅を建立せんがために勧進す。 12・19宮中真言院において真言法を修せんことを請う。	1・19藤原常嗣を遣唐大使に、小野篁を副使に任命す。 9・11護命入寂。
八三五	二	六十二	1・22真言宗年分度者三人を奏請。 2・30金剛峯寺、定額寺となる。 3・21高野山において入定。 3・25仁明天皇、勅使を遣わして喪を弔す。 10・25嵯峨上皇、御製の挽歌を賜う。	
八五七	天安 元		10・22真済の上奏により空海に大僧正を追贈。	
九二一	延喜二十一		10・27観賢の奏請により弘法大師の諡号を賜う。	

参考文献（順不同）

長谷宝秀編『弘法大師全集』八巻、高野山大学密教文化研究所、一九六七～六八年増補三版（祖風宣揚会編、吉川弘文館、一九一〇年、一九二三年訂正増補）

弘法大師空海全集編輯委員会編『弘法大師空海全集』八巻、筑摩書房、一九八三～八六年

勝又俊教編『弘法大師著作全集』三巻、山喜房仏書林、一九六八～七三年

弘法大師著作研究会編『定本弘法大師全集』一〇巻・首巻、高野山大学密教文化研究所、一九九一～九七年

長谷宝秀編『弘法大師諸弟子全集』三巻、六大新報社、一九四二年、大学堂書店、一九七四年復刻

長谷宝秀編『弘法大師伝全集』一〇巻、六大新報社、一九三四～三五年、ピタカ、一九七七年復刻

三浦章夫編『弘法大師伝記集覧』（増補再版）高野山大学密教文化研究所、一九七〇年

守山聖真『文化史上より見たる弘法大師伝』国書刊行会（豊山派弘法大師一千一百年御遠忌事務局編・刊〈一九三三年〉の復刻）、一九七三年、一九八一年再版

渡辺照宏・宮坂宥勝『沙門空海』筑摩書房、一九六七年（ちくま学芸文庫、一九九三年）

梅原猛・宮坂宥勝『生命の海――空海』（仏教の思想9）角川書店、一九六八年

宮坂宥勝『空海――生涯と思想』筑摩書房、一九八四年

同右編『思想読本・空海』法蔵館、一九八二年

金岡秀友ほか『大宇宙のドラマ――空海・その人と教え』鈴木出版、一九八四年
上山春平『空海』（朝日評伝選24）朝日新聞社、一九八一年
松長有慶『空海――無限を生きる』（高僧伝四）集英社、一九八五年
佐和隆研『空海の軌跡』法藏館、一九八〇年
高木訷元『空海――生涯とその周辺』吉川弘文館、一九九七年
同右　『空海入門――本源への回帰』法藏館、一九九〇年
竹内信夫『空海入門――弘仁のモダニスト』（ちくま新書107）筑摩書房、一九九七年
立川武蔵『最澄と空海――日本仏教思想の誕生』（講談社選書メチエ145）講談社、一九九八年
頼富本宏『空海』（日本の仏典2）筑摩書房、一九八八年
福田亮成『弘法大師の教えと生涯』ノンブル社、一九八五年
加藤精一『弘法大師空海伝』春秋社、一九八九年
宮崎忍勝『新・弘法大師伝』大法輪閣、一九六七年
同右　『私度僧空海』河出書房新社、一九九一年
司馬遼太郎『空海の風景』上・下、中央公論社、一九七五年
『大法輪』編集部編『弘法大師のすべて』大法輪閣、一九八三年
福永光司編『最澄・空海』（日本の名著3）中央公論社、一九七七年
中野義照編『弘法大師研究』吉川弘文館、一九七八年
和多秀乗・高木訷元編『空海』（日本名僧論集3）吉川弘文館、一九八二年

和多秀乗・高木訷元編『弘法大師と真言宗』（日本仏教宗史論集4）吉川弘文館、一九八四年
松長有慶監修『弘法大師空海』毎日新聞社、一九八四年
静　慈圓『空海密教の源流と展開』大蔵出版、一九九四年
櫛田良洪『空海の研究』山喜房仏書林、一九八一年
佐和隆研・中田勇次郎編『弘法大師真蹟集成』全五帙、法蔵館、一九七三〜七四年
真言宗各派総大本山会監修『密教美術大観』四巻、朝日新聞社、一九八三〜八四年
佐和隆研『空海とその美術』朝日新聞社、一九八四年
勝又俊教『弘法大師の思想とその源流』山喜房仏書林、一九八一年
村上保寿『空海と智の構造』東方出版、一九九六年
高木訷元『弘法大師の書簡』法蔵館、一九八一年
同右　『空海思想の書誌的研究』（高木訷元著作集4）法蔵館、一九九〇年
中田勇次郎『書聖空海』法蔵館、一九八二年
白井優子『空海伝説の形成と高野山』同成社、一九八六年
高野山大学出版部『十巻章』高野山大学、一九四一年、一九六六年改訂版
栂尾祥雲『現代語の十巻章と解説』高野山出版社、一九七五年
渡辺照宏・宮坂宥勝校注『三教指帰・性霊集』（日本古典文学大系71）、岩波書店、一九六五年
宮坂宥勝『密教世界の構造――空海「秘蔵宝鑰」』筑摩書房、一九八二年
津田真一訳『秘密曼荼羅十住心論』（大乗仏典　中国・日本篇18）中央公論社、一九九三年

金岡秀友編『空海辞典』東京堂出版、一九七九年
竹内信夫『空海の思想』(ちくま新書1081)筑摩書房、二〇一四年
松長有慶『高野山』(岩波新書新赤版1508)岩波書店、二〇一四年
武内孝善『弘法大師空海の研究』吉川弘文館、二〇〇六年
篠原資明『空海と日本思想』(岩波新書新赤版1400)岩波書店、二〇一二年
武内孝善『空海伝の研究――後半生の軌跡と思想』吉川弘文館、二〇一五年

補論　空海の芸術観――密教絵画の表現するもの

密蔵の肝要

平安時代の初めに真言宗という日本仏教の個性的な一派を築き上げた空海は、以前の仏教にはみられなかった新しいほとけの造像と信仰を持ち込むとともに、実際の修行や修法《しゅほう》においても、聖なるほとけと俗なるわれわれを直接関連づける種々の新しい試みを用いている。

その直接の要因を、奈良朝後期から平安初期にわたる山林修行の要素の強い雑密《ぞうみつ》的要素のなかに育ち、しかも身・口・意の三種の行為形態を聖俗合一の通路とする三密《さんみつ》修行をうたう中期密教の萌芽をいち早く嗅ぎとって中国へ渡り、都長安《ちょうあん》において最先端の密教を体得した空海の個人的意義に集約することも可能だが、文化的形態をとって表現される真言密教の総体を考えると、やはり「密教」そのものの持つ要素が決定的役割を果たしているといえよう。

広大にして深遠な内容を誇る仏教でも、空海がとくに意識的・意図的に選びとったのは密教、なかでも三密の聖俗合一体系が整っている金剛乗《こんごうじょう》（『金剛頂経《こんごうちょうぎょう》』『大日経《だいにちきょう》』を基本とする密教）であったと思われる。密教史の立場からいえば、空海が長安で修得した密教は、後述のように金剛界・胎蔵《たいぞう》の二つのタイプの密教がいわば双入《そうにゅう》・止揚《しよう》されたものであり、①本尊大日如来《ほんぞんだいにちにょらい》、②速時成仏《じょうぶつ》、③三密行の具備、④曼荼羅《まんだら》の確立などの重要要件を備えていた。

とくに、仏（聖）・凡（俗）合一の瑜伽《ゆが》こそは、金剛乗密教の中心であり、思想・教義も、それを体現する実践も、また修行者の感覚に訴える美術・芸術にしても、瑜伽という概念を離れては存在しない。空海の美術観を表現することばとして有名な『御請来目録《ごしょうらいもくろく》』の、

密蔵深玄にして、翰墨《かんぼく》（ふでとすみ）に載せがたし。さらに図画を仮りて悟らざるに開示す

ということばも、単に密教は奥が深いから、文献資料（思想）だけでは理解しがたいという段階にとどまるのではなく、つぎにつづくことば、

種種の威儀《いぎ》（動作）、種種の印契《いんげい》（手のサイン）、大悲より出でて一覩《いっと》（一瞬）に成仏す

に狙いがあることを見逃してはならない。

そこで、密教の聖なる空間と時間を現出するのに不可欠な曼荼羅と祖師図《そしず》の二種の絵画に焦点をしぼって、その内容と意義を論じてみたい。それこそ、密蔵の肝要にほかならないからである。

曼荼羅の意義

つぎに、空海の美術要素のなかでも中心的役割を果たしている曼荼羅と祖師図について、もう少しその内容と意義を検討してみよう。両者とも、いわゆる絵画が基本となっているのは単なる偶然ではない。

まず、密教の説く聖なる世界をほとけの集会《しゆうえ》によって表現した曼荼羅は、単に芸術・美術の造型表現にとどまらず、空海の密教思想においても中軸の位置を占めている。とくに、金剛界《こんごうかい》・胎蔵《たいぞう》の両部（両界ともいう）曼荼羅の持つ思想的意義は、美術の枠内でのみ論じられるものではない。

そもそも曼荼羅は、法界《ほっかい》・法身《ほっしん》という概念で全体的、かつ象徴的に表現される聖なるものを、ある構造と数種の尊格の組み合わせと配置によって呈示する装置である。その宗教的意義は、本来は人間の感覚を超えた超越的存在であるはずの実在性と意味性と威力性をそなえた聖性を私たちの観想《かんそう》と視覚の世界に産出させることにある。

そして、実際に姿・形や色彩によってあらわされた曼荼羅が、最も狭義の曼荼羅であるが、インドの密教の学匠であるブッダグヒヤによって著された『法曼荼羅経《ほうまんだらきょう》』によれば、無限定の聖性から成る自性《じしょう》曼荼羅、それが修行者の心（想念）のうちに瞑想《めいそう》される観想《かんそう》曼荼羅、さらに最終的に図絵として視覚的に認識される形像《ぎょうぞう》曼荼羅の三種の曼荼羅が存在することとなる。

美術という観点からいえば、当然ながら第三の形像曼荼羅が直接の対象となることは疑いないが、すでに指摘されているごとく、曼荼羅は、けっして美的鑑賞の対象にとどまるものではなく、密教の実践儀礼において不可欠の役割を果たしていることも忘れてはならない。

以上の基本要素を念頭に置いたうえで、まず空海の用いた曼荼羅、とくに絵画化された狭義の曼荼羅を考察してみよう。

請来された曼荼羅

空海が曼荼羅に直接かかわったのは、おそらく長安の青龍寺において師の恵果《けいか》和尚から貞元二十一年（八〇五）六月、まず大悲胎蔵大曼荼羅に臨んで灌頂《かんじょう》を受け、さらに七月上旬に金剛界大曼荼羅に臨んで金剛界の五部灌頂を受けたときであった可能性が高い。

もっとも、現在の密教寺院の空間配置から考察すると、本堂にあたる金堂《こんどう》、もしくは実際に灌頂を行う灌頂堂では、左右の両壁に胎蔵と金剛界の両部曼荼羅を懸用していた可能性も想起されるが、実証することは難しい。

そこで、まず空海が密教の伝燈《でんとう》（伝法と同義）の阿闍梨《あじゃり》となった後、中国から持ち帰った曼荼羅の内容を、公式の帰朝目録である『御請来目録』からたどってみよう。

仏像等

大毘盧遮那大悲胎蔵《だいびるしゃなだいひたいぞう》大曼荼羅　一鋪　七幅一丈六尺

大悲胎蔵法曼荼羅　一鋪　三幅

大悲胎蔵三昧耶《さんまや》略曼荼羅　一鋪　三幅

金剛界九会《くえ》曼荼羅　一鋪　七幅一丈六尺

金剛界八十一尊大曼荼羅　一鋪　三幅

このあと、金剛智阿闍梨影《こんごうちあじゃりえい》を始めとする伝法《でんぽう》阿闍梨の影像《えいぞう》（祖師図）が列挙されるが、それらの内容と意義については、後述するとして、まず空海の曼荼羅理解を考察してみよう。

ところで、曼荼羅を、白描図像《はくびょうずぞう》や個別の尊像を本尊とする別尊曼荼羅《べつそんまんだら》まで範囲を広げると、空海は『御請来目録』に言及のない、いわゆる録外《ろくげ》の資料を有していたことは疑いない。

また、帰朝後もたとえば、弘仁十二年（八二一）、入唐《にっとう》の際の遣唐大使《けんとうたいし》として公私にわたって奇《く》しき関係を保った藤原葛野麻呂《ふじわらのかどのまろ》（七五四—八一八）の追善供養《ついぜんくよう》のために「大楽不空十七尊《だいらくふくう》の曼荼羅」を造らせている。これをその内容から推して、金剛界九会曼荼羅の第七会にあたる理趣会《りしゅえ》の曼荼羅の別出と考えることも可能だが、典拠となった『遍照発揮性霊集《へんじょうほっきしょうりょうしゅう》』所収の願文《がんもん》に、

> ならびに大楽金剛不空三昧耶理趣経《だいらくこんごうふくうさんまやりしゅきょう》一巻を書写して、兼ねて香華《こうけ》を設けて、仏に供し、経を演《の》ぶ

とあることから、やはり『金剛頂経』よりも大乗経典《だいじょうきょうてん》である『般若経《はんにゃきょう》』に近親性のある『理趣経《りしゅきょう》』に基づく曼荼羅とみる方が適切であろう。もっとも形態的には同内容となるが。

両部曼荼羅の意義

さて、先掲の『御請来目録』の「仏像等」の記述から第一に知られることは、空海は経典につぐ密教の中心として明確に両部曼荼羅を意識したという事実である。

すなわち、公式の進官録《しんかんろく》としての『御請来目録』には、金剛界と胎蔵の両部曼荼羅のみを曼荼羅として扱っている。このことは、密教の免許皆伝《かいでん》というべき灌頂《かんじょう》作法《さほう》において、二種の曼荼羅の入壇《にゅうだん》

灌頂という体系がすでにでき上っていたということのみならず、やはり両種の曼荼羅を一対《いっつい》として重視するという思想と実践が完成したことをも意味している。

それは、胎蔵三種、金剛界二種の各異なった曼荼羅が列挙されるなかで、それぞれの最初の一点が、「七幅一丈六尺」と記され、他の曼荼羅が「三幅」（絹三枚の縦継ぎ）という小寸（幅約一・八メートル）であるのに対して、幅約四・五メートルと巨幅である。つまり、この両幅の大毘盧遮那大悲胎蔵大曼荼羅と金剛界九会曼荼羅は、あきらかに一対として特別視されており、以後、日本密教の根本曼荼羅、世にいう（狭義の）現図《げんず》曼荼羅として絶対的役割を果たしてゆくのである。

『御請来目録』の曼荼羅の条項で気づく第二の点は、空海は曼荼羅表現の多様性を意識し、かつその系統の違いを知悉《ちしつ》していたことである。

空海は、後に著した『即身成仏義《そくしんじょうぶつぎ》』などの教義書から知られるように、大（尊形）・三昧耶《さんまや》（象徴物）・法（種字《しゅじ》）・羯磨《かつま》（立体）の四種曼荼羅《ししゅまんだら》説をとっていた。

『御請来目録』の胎蔵の三種曼荼羅と対比すると、以下のようになる。

大毘盧遮那大悲胎蔵大曼荼羅　　大曼荼羅
大悲胎蔵法曼荼羅　　法曼荼羅
大悲胎蔵三昧耶略曼荼羅　　三昧耶曼荼羅

要するに、四種の曼荼羅のうち、最後の羯磨曼荼羅（立体曼荼羅）を除いて、残りの三種の曼荼羅を空海はすでに中国から持ち帰っていたことになる。

なお、羯磨曼荼羅は、絵画では物理的に不可能であり、木像や鋳像を特定の意味をもって配置することが多い。インドやチベットほど作例は多くないが、空海の直接指導したという東寺講堂《とうじこうどう》と東寺五重塔の諸尊像を羯磨曼荼羅とする伝承があることに留意しておく必要があろう。

系統的多様性

曼荼羅の多様性に関して、もう一点指摘しておくべきは、金剛界曼荼羅の系統的多様性とそれを自覚していた空海の寛容性と融通性である。空海が一方で特定の内容（胎蔵十二院《いん》・金剛界九会《え》）を持った現図両部曼荼羅を権威化したことは、弘仁十二年（八二一）に「四恩の奉為《おんため》に二部の大曼荼羅を造する願文《がんもん》」という文を著わして、他の数点の仏画とともに藤原冬嗣《ふじわらのふゆつぐ》などの有力貴族の援助のもとに両部の大幅曼荼羅を新写せしめたことからも明瞭である。

しかし、空海は、これらの現図系曼荼羅とは別に、「金剛界八十一尊大曼荼羅」を請来している。残念ながら空海請来の現物は伝わっていないが、後に天台宗の円仁《えんにん》（七九四―八六四）が持ち帰った同種の曼荼羅から、一会《いちえ》（一つの集会図《しゅうえず》）から成った金剛界曼荼羅であったことが確認されている。真言系の密教で絶対視されている九会系の金剛界曼荼羅との違いが、その根拠となった『金剛頂経《こんごうちょうぎょう》』の経軌《きょうき》の相違に起因することは筆者などによって指摘されているが、いずれにしても空海は、聖なるものの顕現《けんげん》（海会《かいえ》の根源）の多様性に心をいたしていたのである。

要するに、『御請来目録』の後文に、

種々の威儀、種々の印契《いんげい》、大悲より出でて一覩《いっと》に成仏《じょうぶつ》す。経疏《きょうしょ》に秘略《ひりゃく》してこれを図像に載せたり。密蔵《みつぞう》の要、実にこれに繋《かか》れり。伝法受法《でんぽうじゅほう》、これを棄《す》てて誰ぞ。海会の根源、これすなわち、これに当れり。

とあるように、曼荼羅は、つぎに述べる祖師図《そしず》とともに密教の求める聖なるものとの出会いを生み出す必要不可欠の役割を果たしたのである。

なお、円形や方形の曼荼羅の形態的構造に関心のうすいわが国では、むしろ多数の尊格の集中と拡散に興味が注がれ、聖なる集会《しゅうえ》としては、主に組み合わせと配置が重視されている。

請来された五祖図

空海の密教美術観を理解するうえで、曼荼羅と並んで重要な意味を持つのは、善無畏《ぜんむい》・金剛智《こんごうち》などの密教を伝えたインド・中国、そして日本の祖師たちを描いた図、いわゆる祖師図である。ただし、空海の段階では、「日本の祖師」はまだ造形化されていない。

『御請来目録』の「仏像等」の条でも、五点の曼荼羅につづいて、つぎの祖師の影《えい》（肖像画）を列挙している。

金剛智阿闍梨影《あじゃりえい》　一鋪　　三幅
善無畏三蔵影《さんぞう》　一鋪　　三幅

大広智《だいこうち》阿闍梨影　一鋪　　三幅
青龍寺恵果《けいか》阿闍梨影　一鋪　　三幅
一行禅師《いちぎようぜんじ》影　一鋪　　三幅

これら五幅の祖師図の絵画的意味については、後に詳しく触れるとして、密教の血脈《けちみやく》（相承）を中心とする宗教的意味を無視することはできない。換言すれば、『御請来目録』において金胎《こんたい》両部の曼荼羅にすぐに連続して、なぜ五幅の比較的大幅の祖師図が取り上げられなければならないのかという疑問点である。

この問題の一端を解明するのが、五人の密教僧の名称のあとに付される尊称名の相違である。五人は、すべて同種の尊称ではなく、つぎの三様に分かれている。

①　阿闍梨
　　金剛智
　　不空《ふくう》（大広智）
　　恵果
②　三蔵
　　善無畏
③　禅師

一行

五人とも密教の僧であることは共通しているのに、善無畏と一行の二人はなぜ「阿闍梨」と称されないのだろう。生粋《きっすい》の中国人であり、実際に禅と天台も修得していた一行が禅師と呼ばれるのは当然としても、『大日経《だいにちきょう》』の訳出者として名高い善無畏に対しては、中国人の俗弟子であった李華《りか》の著わした二種の伝記も、空海の撰とされてきた『真言付法伝《しんごんふほうでん》』も、ともに「三蔵」と記すのみで、「阿闍梨」という言及はない。

結論を述べるならば、『金剛頂経』とそこに説かれる金剛界曼荼羅と、『大日経』とその胎蔵曼荼羅を両部の大経《だいきょう》、および両部曼荼羅と称しておりながら、現実には密教化のより進んだ『金剛頂経』・金剛界曼荼羅があくまで中心であったことを如実に示している。

空海は、積極的に密教の宣布を始めた弘仁六年（八一五）から、著作を中心とするある程度の活動が一段落する弘仁十二年までの間に、真言密教の付法・伝法の阿闍梨の名号と徳を要約した『秘密曼《ひみつまん》荼羅《だら》教《きょう》付法伝《ふほうでん》』（通称『広付法伝《こうふほうでん》』）二巻を著した。

そこでは、以下の七祖《しちそ》が列挙されている。

第一祖　大日如来《だいにちにょらい》
第二祖　金剛薩埵《こんごうさった》
第三祖　龍猛菩薩《りゅうみょうぼさつ》

第四祖　龍智《りゅうち》菩薩

第五祖　金剛智

第六祖　不空

第七祖　恵果阿闍梨

後世、第七祖の恵果阿闍梨の法脈を得た空海を第八祖とし、八祖を合わせて「付法《ふほう》の八祖」と呼び習わしている。その意義は、密教の根源的実在としての大日如来と、その因位《いんに》の存在として想定され、仏教的には菩薩の代表にあたる金剛薩埵という宗教的存在、また現実の密教史において主に『金剛頂経』系密教をインドから中国へ伝え、それを確立した金剛智・不空・恵果という歴史的存在、最後に宗教的存在である大日如来・金剛薩埵と、歴史的な三師を結ぶ神話的存在としての龍猛・龍智の二祖師を介在させて、結果的には聖なる存在たる大日如来と、空海以降に連なる私たちという俗なる存在を直結させたといえる。

なお、数少ない唐代肖像絵画の遺作として、これらの祖師図にみられる雄渾《ゆうこん》さと写実性が高く評価されるのは、五祖の持つ歴史的意義と宗教的役割と不可分に関連していたといえよう。

空海は、両部の曼荼羅を授けられた際に、とくに『金剛頂経』・金剛界曼荼羅における大日如来と金剛薩埵における密接な関連を知悉していたものと思われる。また、青龍寺での灌頂受法ののち、師の恵果和尚が宮廷画師の李真《りしん》らに命じて制作させた祖師図のなかに金剛智・不空・恵果の三師の御影があり、今も京都の東寺に伝えられている。また、弘仁十二年には、わが国で龍猛・龍智の二祖師図が新写されている。これらを受けて、のちに空海像を加えた八祖図が成立した。京都の神護寺、高知の金剛頂寺に鎌倉時代の遺品が伝わっている。

このように、祖師図は、時間的（歴史的）密教継承のみならず、超時間的にも聖なるものと俗なるものを継ぐ重要な仏具として不可欠の役割を果たしているのである。

祖師図の付加的意味

空海請来《しょうらい》の五幅の祖師図のなかに、阿闍梨という尊称名を付さない善無畏三蔵と一行禅師の画像があることは先に紹介した。これらの二祖は、相承《そうじょう》系譜的には『大日経《だいにちきょう》』・胎蔵《たいぞう》曼荼羅の法脈につらなることは事実であり、『金剛頂経《こんごうちょうぎょう》』・金剛界《こんごうかい》曼荼羅の法脈と別々に受法し、しかも自らのうちに両部思想を確立したと考えられる恵果《けいか》和尚にして初めて可能な総合思想であった。

空海は、その思想と表現形態を両部曼荼羅と祖師図をよりどころとして持ち帰ったわけであるが、時間的、かつ超時間的流れを示す世にいう付法の八祖に入らない善無畏・一行の二祖師像をめぐる新たな理解が生み出されたようである。

その代表的な例が、『真言付法伝』（通称『略付法伝《りやくふほうでん》』）と呼ばれる付法伝で、写本の一本（東寺本）では、末尾に「弘仁十二年九月六日書す」の記を持つ。内容としては、第七祖の恵果のあとに、「沙《しや》門輪波伽羅《もんしゆばから》（善無畏）」と「沙門一行」の短い伝記を付加する。

これを空海の真作とすれば、龍猛・龍智図を新写させた弘仁十二年の意味と勘案して、『略付法伝』の中から、大日如来と金剛薩埵を除くとき、空海（弘法大師）以外の伝持の八祖が成立することとなる。ただ、近年では、『略付法伝』は空海よりは後の著作と推測されている。

鎌倉時代の新義の学匠《がくしょう》・頼瑜《らいゆ》（一二二六―一三〇四）の『真俗雑記問答鈔《しんぞくざつきもんどうしょう》』第十五によれば、さらに東寺の灌頂院《かんじょういん》の壁画の祖師銘のために『略付法伝』を作った旨を記している。空海の直弟子の実《じち》慧《え》（七八六―八四七）によって建立された灌頂院の壁画祖師図は、早くとも東寺別当の会理《えり》（八五二―九三五）のころとされているので、空海まで遡《さかのぼ》ることはむつかしいが、十世紀中ごろの醍醐《だいご》寺五重塔内の八祖図壁画を合わせて考えると、聖なる世界との統譜的つながりを主に時間的に表現していた祖師図が、金胎《こんたい》両部の双修を完成することによって、さらには灌頂院・五重塔などの密教寺院の空間的聖性を保証する役割をも加重して行ったのである。

両部曼荼羅も、祖師図も、密教絵画としては、最も根本となる聖なるものの空間的、かつ時間的創造を可能にする装置であることを改めて強調しておきたい。

なお、両部相承と空間配列性の乏しかった天台系祖師図が真言系祖師図ほど普遍化しなかったのは、けっして不思議なことではない。

（『密教の聖者　空海』〈日本の名僧4〉吉川弘文館、二〇〇三年）

本書の原本は、二〇一五年に『新版 空海と密教—「情報」と「癒し」の扉をひらく』
としてＰＨＰ研究所より刊行されました。

著者略歴
一九四五年　香川県に生まれる
一九七三年　京都大学大学院文学研究科（仏教学）博士課程単位取得満期退学
一九八八年　文学博士（京都大学）
実相寺住職、種智院大学教授、国際日本文化研究センター教授、種智院大学学長などを歴任
二〇一五年　没

〔主要著書〕
『中国密教の研究』（大東出版社、一九七九年）、『密教―悟りとほとけへの道―』（講談社、一九八八年）、『密教仏の研究』（法蔵館、一九九〇年）、『密教とマンダラ』（NHK出版、二〇〇三年）、『四国遍路とはなにか』（角川学芸出版、二〇〇九年）

読みなおす日本史

空海と密教
「情報」と「癒し」の扉をひらく

二〇二三年（令和五）四月一日　第一刷発行

著　者　頼《より》富《とみ》本《もと》宏《ひろ》
発行者　吉川道郎
発行所　株式会社　吉川弘文館
郵便番号一一三—〇〇三三
東京都文京区本郷七丁目二番八号
電話〇三—三八一三—九一五一〈代表〉
振替口座〇〇一〇〇—五—二四四
http://www.yoshikawa-k.co.jp/
組版＝株式会社キャップス
印刷＝藤原印刷株式会社
製本＝ナショナル製本協同組合
装幀＝渡邉雄哉

ISBN978-4-642-07524-4

刊行のことば

現代社会では、膨大な数の新刊図書が日々書店に並んでいます。昨今の電子書籍を含めますと、一人の読者が書名すら目にすることができないほどとなっています。ましてや、数年以前に刊行された本は書店の店頭に並ぶことも少なく、良書でありながらめぐり会うことのできない例は、日常的なことになっています。

人文書、とりわけ小社が専門とする歴史書におきましても、広く学界共通の財産として参照されるべきものとなっているにもかかわらず、その多くが現在では市場に出回らず入手、講読に時間と手間がかかるようになってしまっています。歴史の面白さを伝える図書を、読者の手元に届けることができないことは、歴史書出版の一翼を担う小社としても遺憾とするところです。

そこで、良書の発掘を通して、読者と図書をめぐる豊かな関係に寄与すべく、シリーズ「読みなおす日本史」を刊行いたします。本シリーズは、既刊の日本史関係書のなかから、研究の進展に今も寄与し続けているとともに、現在も広く読者に訴える力を有している良書を精選し順次定期的に刊行するものです。これらの知の文化遺産が、ゆるぎない視点からことの本質を説き続ける、確かな水先案内として迎えられることを切に願ってやみません。

二〇一二年四月

吉川弘文館

読みなおす日本史

- 日本の奇僧・快僧　今井雅晴著　二二〇〇円
- 平家物語の女たち　大力・尼・白拍子　細川涼一著　二二〇〇円
- 戦争と放送　竹山昭子著　二四〇〇円
- 「通商国家」日本の情報戦略　領事報告を読む　角山　榮著　二二〇〇円
- 日本の参謀本部　大江志乃夫著　二二〇〇円
- 宝塚戦略　小林一三の生活文化論　津金澤聰廣著　二二〇〇円
- 観音・地蔵・不動　速水　侑著　二二〇〇円
- 飢餓と戦争の戦国を行く　藤木久志著　二二〇〇円
- 陸奥伊達一族　高橋富雄著　二二〇〇円
- 日本人の名前の歴史　奥富敬之著　二四〇〇円
- お家相続　大名家の苦闘　大森映子著　二二〇〇円

- はんこと日本人　門田誠一著　二二〇〇円
- 城と城下　近江戦国誌　小島道裕著　二四〇〇円
- 江戸城御庭番　徳川将軍の耳と目　深井雅海著　二二〇〇円
- 戦国時代の終焉　「北条の夢」と秀吉の天下統一　齋藤慎一著　二二〇〇円
- 中世の東海道をゆく　京から鎌倉へ、旅路の風景　榎原雅治著　二二〇〇円
- 日本人のひるめし　酒井伸雄著　二二〇〇円
- 隼人の古代史　中村明蔵著　二二〇〇円
- 飢えと食の日本史　菊池勇夫著　二二〇〇円
- 蝦夷の古代史　工藤雅樹著　二二〇〇円
- 天皇の政治史　睦仁・嘉仁・裕仁の時代　安田　浩著　二五〇〇円
- 日本における書籍蒐蔵の歴史　川瀬一馬著　二四〇〇円

読みなおす日本史